D1670644

KENWOOD

CREATE MORE

Veröffentlicht für Kenwood Ltd.
Ausgabe 2013

Design: Pepper Creative
Rezepte: Nicholas Ghirlando
Fotos: Philip Webb
Foodstylist: Nicholas Ghirlando

Trotz sorgfältiger Kontrolle der Informationen in dieser
Rezeptsammlung übernehmen die Herausgeber keinerlei
Haftung für unbeabsichtigte oder beabsichtigte Fehler,
die aufgrund von Veränderungen in der Gesetzgebung
oder aus einem anderen Grund in diesem Dokument
möglicherweise enthalten sind oder enthalten sein werden.

Ein CIP-Katalogeintrag für dieses Buch ist bei der
British Library erhältlich.

ISBN 978-1-907367-33-5

INHALT

VORWORT

Diese Rezeptsammlung mit mehr als 65 Rezepten wurde speziell für die vielseitige Kenwood Chef erstellt, mit der Sie backen, Suppen zubereiten, Getränke mixen oder ganze Menüs zaubern können. Nutzen Sie die Vielseitigkeit der Kenwood Chef in Ihrer Küche. Im Lieferumfang sind viele weitere Zubehörteile enthalten, sodass Sie Ihre Küchenmaschine an Ihre Bedürfnisse anpassen können.

Im ersten Kapitel finden Sie viele Rezepte zum Thema Backen. Das Backen ist eine der wichtigsten Funkionen der Kenwood Chef. Wenn Sie das erste Kapitel durchgearbeitet haben, sind Sie ein Meister im Backen von Brot, Kuchen, Gebäck und vielem mehr. Wenn Sie gern Neues ausprobieren oder Gäste erwarten, können Sie ein Rezept im Kapitel „Festliche Rezepte" ausprobieren, um Ihre Gäste zu beeindrucken. Im Kapitel „Getränke und Suppen" finden Sie unter anderem wärmende Suppen oder eisgekühlte Cocktails.

Mit der Kenwood Chef sind der Vielseitigkeit keine Grenzen gesetzt. Lassen Sie sich inspirieren unter **www.kenwoodworld.com**

DER AUTOR

Nico Ghirlando ist ein vielseitiger Journalist für gastronomische Themen sowie Foodstylist, der mehr als 170 Rezepte für die Kenwood Chef entwickelt hat. Diese Rezeptsammlung enthält die beliebtesten Rezepte von Nico Ghirlando. Er ist außerdem als Foodstylist für diese Rezeptsammlung verantwortlich.

Ich wünsche Ihnen genauso viel Freude mit dieser Rezeptsammlung und mit Ihrer Küchenmaschine wie ich beim Zusammenstellen dieser Rezepte hatte.

Nico

NICO GHIRLANDO

HINWEISE ZUR REZEPTSAMMLUNG

Verwenden Sie Eier mittlerer Größe, wenn nichts anderes angegeben ist.

Stellen Sie die Backformen auf die mittlere Schiene im Backofen, wenn nichts anderes angegeben ist.

UMRECHNUNGSTABELLE – OFEN

GRAD FAHRENHEIT	GRAD CELCIUS	GAS-STUFE	BESCHREIBUNG
225	110	1	Sehr langsam
250	120/130	1	Sehr langsam
275	140	1	Langsam
300	150	2	Langsam
325	160/170	3	Warm
350	180	4	Warm
375	190	5	Mäßig heiß
400	200	6	Mäßig heiß
425	220	7	Heiß
450	230	8	Heiß
475	240	9	Sehr heiß

Die Garzeiten können je nach Ofen variieren. Daher wird empfohlen, kurz vor Ende der Garzeit zu prüfen, ob das Gericht gar ist.

MENGENANGABEN

Für das Messen von Flüssigkeiten:

METRIC	IMPERIAL	US-TASSEN
250ml	8 fl oz	1 Tasse
180ml	6 fl oz	3/4 Tassen
150ml	5 fl oz	2/3 Tassen
120ml	4 fl oz	1/2 Tassen
75ml	2 1/2 fl oz	1/3 Tassen
60ml	2 fl oz	1/4 Tassen
30ml	1 fl oz	1/8 Tassen
15ml	1/2 fl oz	1 Esslöffel

UMRECHNUNG – US-TASSEN

AMERIKANISCH	IMPERIAL	METRISCH
1 Tasse Mehl	5oz	150g
1 Tasse Feinkristallzucker oder normalen Zucker	8oz	225g
1 Tasse brauner Zucker	6oz	175g
1 Tasse Butter/Margarine/Schmalz	8oz	225g
1 Tasse gemahlene Mandeln	4oz	110g
1 Tasse heller Zuckersirup	12oz	350g
Tasse ungekochten Reis	7oz	200g
Tasse geriebener Käse	4oz	110g
Stück Butter	4oz	110g

LÖFFEL

1 Esslöffel	1/16 Tassen
2 Esslöffel	1/8 Tassen
4 Esslöffel	1/4 Tassen
5 Esslöffel	1/3 Tassen
8 Esslöffel	1/2 Tassen
10 Esslöffel	2/3 Tassen
12 Esslöffel	3/4 Tassen
16 Esslöffel	1 Tasse

1 Teelöffel	5ml
2 Teelöffel	10ml
1 Esslöffel	15ml
2 Esslöffel	30ml
3 Esslöffel	45ml
4 Esslöffel	60ml
5 Esslöffel	75ml
6 Esslöffel	90ml
7 Esslöffel	105ml

VERWENDETE SYMBOLE

Die Anzahl der Chefkochmützen gibt den Schwierigkeitsgrad an.

LEICHT

LEICHT	♟
MITTEL	♟ ♟
SCHWER	♟ ♟ ♟

Die benötigten Rührelemente oder die notwendigen Zubehörteile werden durch die folgenden Symbole dargestellt:

- K-Haken
- Teighaken
- Ballonschneebesen
- Flexi-Rührelement
- Unterheb-Zubehör
- Mixaufsatz
- Multi-Zerkleinerer
- Kräuter- und Gewürzmühle
- Schnitzelwerk
- Profi-Pasta-Walze
- Eisbereiter-Aufsatz

RÜHRELEMENTE UND MIXAUFSATZ

DIE KENWOOD-KÜCHENMASCHINEN WURDEN ZUM SCHLAGEN, KNETEN UND VERQUIRLEN VON ZUTATEN IN EINER OFFENEN RÜHRSCHÜSSEL KONZIPIERT, UM DAS KOCHEN SCHNELLER, EINFACHER UND ANGENEHMER ZU GESTALTEN.

Verwenden Sie die Rührelemente für jede Rührfunktion - ob für Kuchen, Plätzchen, Gebäck, Teig, Meringue, Mousse oder Soufflés.

Wenn das Flexi-Rührelement, das Unterheb-Zubehör oder der Mixaufsatz nicht im Lieferumfang enthalten waren, können Sie dieses Zubehör separat erwerben, um alle Rührfunktionen nutzen zu können.

K-HAKEN

DER K-HAKEN IST WAHRSCHEINLICH DAS AM HÄUFIGSTEN VERWENDETE WERKZEUG FÜR KUCHEN, PLÄTZCHEN, GEBÄCK, ZUCKERGÜSSE, FÜLLUNGEN, ECLAIRS UND KARTOFFELBREI. DURCH DAS SPEZIELLE „K"-DESIGN WERDEN ALLE ZUTATEN PERFEKT VERMISCHT.

IDEAL FÜR:

CREMIGE MISCHUNGEN
Zum Schlagen von Fett und Zucker zu einer cremigen Masse für Kuchenteig oder Zuckerguss.

VERMENGTE MISCHUNGEN
Vermischen von Mehl und Fett zu einer krümeligen Masse für einfache Kuchen, Scones und Plätzchen.

ZERKRÜMELN VON PLÄTZCHEN
Zerkleinern von Plätzchen, um Käsekuchen und Tortenböden zu backen.

ZERSTAMPFEN VON GEMÜSE
Kochen Sie Kartoffeln, Steckrüben oder Pastinaken vor und pürieren Sie das Gemüse mit etwas Butter, bis Sie einen Brei erhalten.

REZEPT MIT DEM K-HAKEN
MANDEL-PLÄTZCHEN

PORTIONEN	12 Plätzchen
VORBEREITUNG	10 Min.
ZUBEREITUNG	12-15 Min.
SCHWIERIGKEITSGRAD	●
WERKZEUGE	Backblech, Backpapier, flache Pfanne
ZUBEHÖR	

ZUTATEN

12 ganze Mandeln, geschält
150 g ungesalzene Butter
200 g extrafeiner Zucker
1/2 TL Backpulver
150 g Mehl
150 g gemahlene Mandeln
1 Ei, geschlagen
1 TL Mandelextrakt

ZUBEREITUNG

▸ Den Backofen auf 180 °C vorheizen und ein Backblech mit Backpapier auslegen.

▸ Die 12 ganzen Mandeln in einer flachen Pfanne ohne Fett rösten und zur Seite stellen.

▸ Sahne und Butter in die Rührschüssel geben, den K-Haken anbringen und mit maximaler Geschwindigkeit mixen, bis die Masse hell und locker ist.

▸ Backpulver, Mehl und die gemahlenen Mandeln hinzugeben und bei mittlerer Geschwindigkeit eine Minute lang mixen. Anschließend das Ei und den Mandelextrakt unterheben und so lange schlagen, bis eine gleichmäßige Masse entstanden ist.

▸ Mit dem Esslöffel zu Plätzchen formen und auf das Backblech legen. Zwischen den Plätzchen etwas Abstand lassen und auf jedes Plätzchen eine geröstete Mandel legen.

▸ **Im Ofen 12 bis 15 Minuten backen,** bis die Plätzchen goldbraun sind. Die Plätzchen auf einem Backrost abkühlen lassen.

TEIGHAKEN

MIT DEM TEIGHAKEN WIRD DAS KNETEN ZUM
KINDERSPIEL. MIT DIESEM HAKEN KÖNNEN SIE BROT,
BRÖTCHEN, SÜSSE BACKWAREN, PIZZATEIG UND
KUCHENTEIG HERSTELLEN.

IDEAL FÜR:

BROT/BRÖTCHEN/SÜSSE BACKWAREN
Vermengt und knetet Mehl, Wasser und Hefe.

PIZZATEIG
Vermengt und knetet Mehl, Wasser, Hefe und Öl.

REZEPT MIT DEM TEIGHAKEN
24-STUNDEN-PIZZATEIG

PORTIONEN	4
VORBEREITUNG	5 Min. plus 24 Stunden zum Gären und Aufgehen
SCHWIERIGKEITSGRAD	☻
WERKZEUGE	Nudelholz
ZUBEHÖR	

ZUTATEN

500 g kräftiges Weißmehl oder Mehl
für Pizzateig

7 g Aktiv-Trockenhefe

1 EL Zucker

100 ml lauwarmes Wasser

1 EL Salz

30 ml Olivenöl

ZUBEREITUNG

▸ Den Teighaken befestigen.

▸ Mehl, Hefe und Zucker in die Rührschüssel geben. Die Mischung bei der langsamen Geschwindigkeit vermengen und langsam das Wasser hinzugeben. Den Teig einige Minuten kneten und dann das Salz hinzugeben.

▸ Mittlere Geschwindigkeit wählen, das Öl hinzufügen und den Teig weitere zehn Minuten kneten.

▸ Den Teig aus der Rührschüssel nehmen und in eine große Schüssel geben, die Schüssel mit einem feuchten Tuch abdecken und zwei Stunden gehen lassen.

▸ Den Teig wieder in die Rührschüssel der Küchenmaschine geben und die Luft aus dem Teig kneten. Weitere zwei Stunden gehen lassen, anschließend mit eingeölter Klarsichtfolie abdecken und ca. 20 Stunden in den Kühlschrank stellen.

▸ Den Teig aus dem Kühlschrank nehmen und in vier gleich große Teile teilen. Jeden Teig dünn ausrollen.

▸ Den Pizzateig mit Tomatenpüree bestreichen, nach Belieben belegen und Käse darauf verteilen. **Im Ofen auf höchster Stufe auf der mittleren Schiene für 8 bis 10 Minuten backen.**

BALLONSCHNEEBESEN

DER BALLONSCHNEEBESEN IST IDEAL FÜR LUFTIG GESCHLAGENE MISCHUNGEN, ZUM SCHLAGEN VON EIERN, SAHNE, PFANNKUCHENTEIG, BISKUITTEIG, MERINGUES, KÄSEKUCHEN, MOUSSES UND SOUFFLÉS. DANK DES BALLONFÖRMIGEN DESIGNS DES SCHNEEBESENS WIRD DER TEIG MIT LUFT GELOCKERT, DAMIT ER MEHR VOLUMEN UND STRUKTUR BEKOMMT.

IDEAL FÜR:

EISCHNEE
Schlagen Sie bei höchster Geschwindigkeit Eier, um Meringues, Pavlova-Torten und Soufflés herzustellen.

PFANNKUCHENTEIG
Schlagen Sie Mehl, Milch und Eier zu Pfannkuchen-, Crêpes-Teigs und zu Yorkshire-Puddings.

SCHLAGEN VON SAHNE
Schlagen Sie Sahne bei mittlerer Geschwindigkeit, um damit Torten und Trifles zu garnieren oder Biskuitkuchen und Profiteroles zu füllen.

LUFTIGER BISKUITTEIG
Für Biskuitkuchen ohne Fett, wie z. B. Biskuitrollen, Biskuitrouladen und Genueser Biskuit.

SAHNEDESSERTS
Eigelb und Fruchtpürees für Mousses, Cremes und Eischnee für Soufflés.

REZEPT MIT DEM BALLONSCHNEEBESEN
MERINGUES MIT ERDBEEREN UND SAHNE

PORTIONEN	4
VORBEREITUNG	15 Min.
ZUBEREITUNG	45 Min. plus Abkühlungszeit
SCHWIERIGKEITSGRAD	● ●
WERKZEUGE	Backblech und Backpapier
ZUBEHÖR	

ZUTATEN

4 Eiweiß

200 g Puderzucker

1 Schale Erdbeeren, ohne Grün und geviertelt

Doppelsahne, als Beilage

ZUBEREITUNG

▸ Den Backofen auf 150 °C vorheizen. Ein Backblech mit Backpapier auslegen.

▸ Den Ballonschneebesen und die Rührschüssel anbringen. Darauf achten, dass beides fettfrei ist.

▸ Das Eiweiß hinzufügen und bei höchster Geschwindigkeit 3 bis 4 Minuten lang steif schlagen.

▸ Esslöffelweise den Zucker hinzugeben und die Masse schlagen, bis eine glänzende Masse entsteht.

▸ Handtellergroße Meringue-Portionen auf das mit Backpapier ausgelegte Backblech geben. Zwischen den einzelnen Portionen viel Abstand lassen.

▸ **Im Ofen 35 bis 40 Minuten backen.** Den Backofen ausschalten und im Ofen abkühlen lassen.

▸ Mit frischen Erdbeeren und Sahne servieren.

FLEXI-RÜHRELEMENT

DAS FLEXI-RÜHRELEMENT IST IDEAL GEEIGNET, UM WEICHE ZUTATEN SCHAUMIG ZU SCHLAGEN UND MITEINANDER ZU VERMISCHEN. DIE FLEXIBLEN FLÜGEL FUNGIEREN ALS SCHABER UND SORGEN SO FÜR CREMIG-FEINE ERGEBNISSE.

IDEAL FÜR:

KUCHENMISCHUNGEN
Verrühren von Fett und Zucker zu einer hellen und luftigen Masse.

ZUCKERGÜSSE
Verrühren von Puderzucker und Butter, um Zuckergüsse für Kuchen herzustellen.

REZEPT MIT DEM FLEXI-RÜHRELEMENT
SCHOKOLADENGANACHE

ERGIBT	300 g
VORBEREITUNG	10 Min.
SCHWIERIGKEITSGRAD	⊖
WERKZEUGE	Kochtopf
ZUBEHÖR	

ZUTATEN

100 ml Doppelsahne

1 Vanilleschote, der Länge nach aufgeschnitten

200 g dunkle Schokolade mit 80 % Kakaoanteil

ZUBEREITUNG

▸ Die Sahne mit der Vanilleschote in einem Kochtopf erhitzen, aber nicht aufkochen lassen.

▸ Das Flexi-Rührelement anbringen.

▸ Die Schokolade in Stücke brechen und in die Rührschüssel geben. Die erwärmte Sahne langsam hinzugeben und die Küchenmaschine auf die mittlere Geschwindigkeit einstellen und die Masse glatt schlagen.

▸ Die Schokoladenmischung in eine neue Schüssel geben, abdecken und zum Abkühlen zur Seite stellen.

▸ Kann zum Garnieren von Vanille-Biskuitkuchen oder Cupcakes verwendet werden.

UNTERHEB-ZUBEHÖR

MIT DEM UNTERHEB-ZUBEHÖR KÖNNEN SCHWERERE ZUTATEN PERFEKT MIT LEICHTEREN ZUTATEN VERRÜHRT WERDEN, WÄHREND DER TEIG DABEI LUFTIG UND LOCKER BLEIBT. IDEAL FÜR MOUSSES, SOUFFLÉS, LEICHTE BISKUITKUCHEN UND MAKRONEN.

IDEAL FÜR:

LUFTIGE UND LOCKERE MISCHUNGEN

Mit dem Unterheb-Zubehör können Sie eine schwere Zutat in eine luftig-leichte Mischung rühren, indem die Zutat von den Seiten der Schüssel angehoben und dann von oben herab untergehoben wird. Die Konsistenz des Teigs und seine Luftigkeit bleiben erhalten.

REZEPT MIT DEM UNTERHEB-ZUBEHÖR
MADELEINES

PORTIONEN	4 - 6
VORBEREITUNG	10 Min.
ZUBEREITUNG	10-12 Min.
SCHWIERIGKEITSGRAD	😊
WERKZEUGE	Madeleine-Backform, Backblech, Backpapier
ZUBEHÖR	

ZUTATEN

2 Eier
125 g extrafeiner Zucker
125 g einfaches Mehl
125 g zerlassene Butter
1 TL Backpulver
1 EL Puderzucker

ZUBEREITUNG

▶ Den Backofen auf 190 °C vorheizen und eine Madeleine-Backform mit zerlassener Butter bestreichen. Statt einer Madeleine-Backform kann auch ein mit Backpapier ausgelegtes flaches Backblech verwendet werden.

▶ Eier und Zucker in die Rührschüssel geben, den Ballonschneebesen befestigen und bei mittlerer Geschwindigkeit zu einer hellen, luftigen Masse schlagen.

▶ Den Ballonschneebesen entfernen und das Unterheb-Zubehör anbringen. Die restlichen Zutaten in die Schüssel geben und bei geringer Geschwindigkeit unterheben, bis alle Zutaten gut verrührt sind. Die fertige Masse anschließend 10 Minuten zur Seite stellen.

▶ Esslöffelweise die Mischung in jede Backform oder auf das mit Backpapier ausgelegte Backblech geben. Abstand zwischen den einzelnen Madeleines lassen.

▶ **Im Ofen 10 bis 12 Minuten backen,** bis die Madeleines goldbraun sind.

▶ Aus dem Ofen nehmen und auf einem Backrost abkühlen lassen. Mit etwas Puderzucker bestäuben und servieren.

MIXAUFSATZ

DER MIXAUFSATZ EIGNET SICH FÜR MILCHSHAKES, SMOOTHIES, COCKTAILS, SUPPEN, SAUCEN UND ZUM ZERKLEINERN VON EIS.

IDEAL FÜR:

GETRÄNKE
Mixen Sie frisches Obst, Eiscreme, Joghurt, Milch und Fruchtsaft.

SUPPEN
Mixen Sie gekochtes Gemüse und Brühe.

SAUCEN UND DIPS
Mixen Sie kleine Mengen Mayonnaise, Salsa oder Hummus.

ZERKLEINERN VON EIS
Zerkleinern Sie Eis für Cocktails.

REZEPT MIT DEM MIXAUFSATZ
MANGO-LASSI

PORTIONEN	4
VORBEREITUNG	5 Min.
SCHWIERIGKEITSGRAD	🥄
ZUBEHÖR	

ZUTATEN

2 reife Mangos, geschält und entkernt
200 ml Milch
200 ml Naturjoghurt
Saft einer Limette
1 TL Chilipulver (nach Belieben)

ZUBEREITUNG

▶ Alle Zutaten (außer Chilipulver) in den Mixaufsatz geben und bei hoher Geschwindigkeit glatt mixen. Auf vier Gläser verteilen und servieren. Gegebenenfalls mit Chilipulver bestreuen.

ERSTE REZEPTE

MIT DIESEN REZEPTEN ZAUBERN SIE IHRE ERSTEN, EINFACHEN GERICHTE UND MACHEN SICH DABEI MIT IHRER KENWOOD CHEF VERTRAUT. SIE ERFAHREN HIER, WIE SIE EINEN EINFACHEN TEIG ODER EINE SCHNELLE BISKUITMISCHUNG ZUBEREITEN KÖNNEN, DIE AUCH ALS GRUNDLAGE FÜR KOMPLEXERE REZEPTE DIENEN.

Sobald Sie die Rezepte in diesem Abschnitt beherrschen, können Sie die Rezepte im Abschnitt „Backen" ausprobieren und zum Backprofi avancieren.

Innerhalb kürzester Zeit können Sie Brot sowie Gebäck backen, Plätzchen und mehrlagige Torten kreieren und die Rezepte ganz nach Ihrem Geschmack abwandeln.

BROTTEIG

ZUTATEN

7 g Aktiv-Trockenhefe
Eine Prise Zucker
500 g kräftiges Brotmehl
400 ml Wasser
Eine Prise Salz

SCHRITT 1

In eine Schüssel zur Hefe etwas lauwarmes Wasser und eine Prise Zucker geben und zehn Minuten stehen lassen, um die Hefe zu aktivieren.

SCHRITT 2

Mehl und eine Prise Salz in eine Schüssel geben und die Hefemischung hinzugeben. Den Teighaken anbringen und bei geringer Geschwindigkeit eine Minute kneten.

SCHRITT 3

Nach und nach Wasser hinzugeben und bei mittlerer Geschwindigkeit weitere 10 Minuten kneten.

SCHRITT 4

Die Schüssel mit einem feuchten Tuch abdecken und an einem warmen Ort eine Stunde gehen lassen, bis sich das Teigvolumen verdoppelt hat.

SCHRITT 5

Den Backofen auf 180 °C vorheizen und eine Brotbackform einfetten. Mehrere Eiswürfel auf ein Backblech legen und das Backblech in die unterste Schiene schieben. Dies sorgt für eine schöne Kruste.

SCHRITT 6

Den Teig in die Brotbackform geben und weitere 15 Minuten ruhen lassen. Anschließend mit Mehl bestäuben.

SCHRITT 7

40 Minuten backen, bis das Brot goldbraun ist. Das Brot ist gar, wenn es beim Klopfen auf die Unterseite hohl klingt. Auf einem Backrost abkühlen lassen.

Versuchen Sie auch:

RUSSISCHES
ROGGENBROT
MIT
RÜBENSIRUP

Siehe Seite 29

KUCHENTEIG

ZUTATEN

225 g Mehl
110 g Butter, gekühlt und gewürfelt
50 ml Wasser
Salz

SCHRITT 1

Mehl und Butter in die Rührschüssel geben, den K-Haken anbringen und bei mittlerer Geschwindigkeit verrühren, bis Brotkrümel entstehen.

SCHRITT 2

Die Geschwindigkeit herunterschalten und langsam Wasser und Salz hinzugeben. Alles in der Mitte der Rührschüssel verkneten.

SCHRITT 3

Den Teig aus der Schüssel nehmen und in Klarsichtfolie einwickeln. Im Kühlschrank eine halbe Stunde (oder im Gefrierfach 15 Minuten) ruhen lassen. Der Teig ist jetzt gebrauchsfertig.

REZEPTIDEE
HERZHAFTER TEIG

SCHRITT 1

Den Teig auf einem mit Backpapier ausgelegten Backblech ausrollen, mit Cherry-Tomaten, in Scheiben geschnittenen roten Zwiebeln, gekochtem Spargel und Ziegenkäse belegen.

SCHRITT 2

Im vorgeheizten Ofen bei 180 °C 20 Minuten backen, bis der Teig goldbraun und der Käse geschmolzen ist. Servieren.

Versuchen Sie auch:

AUFLAUF MIT HÜHNCHEN, LAUCH UND SCHINKEN

Siehe Seite 39

PFANNKUCHENTEIG

ZUTATEN

150 g Mehl
1 TL Salz
2 Eier
75 ml Olivenöl
300 ml Milch

SCHRITT 1

Mehl und Salz in die Rührschüssel geben und den K-Haken anbringen.

SCHRITT 2

Bei geringer Geschwindigkeit Eier, Öl und Milch nach und nach hinzugeben. In die mittlere Geschwindigkeit schalten und alle Zutaten gut verkneten.

SCHRITT 3

10 Minuten gehen lassen. Der Teig ist jetzt gebrauchsfertig.

REZEPTIDEE
PFANNKUCHEN

SCHRITT 1

Etwas Butter mit Öl in einer großen Sautépfanne zerlassen und schöpflöffelweise den Teig in die Mitte der Pfanne geben. Die Pfanne leicht schwenken, um den Teig gleichmäßig zu verteilen.

SCHRITT 2

Eine Minute ausbacken, bis sich Bläschen bilden und der Rand knusprig wird. Dann den Pfannkuchen wenden und die andere Seite backen.

SCHRITT 3

Zwischen Butterbrotpapier stapeln und mit Zitrone und Zucker servieren.

EINFACHER BISKUITTEIG

ZUTATEN

225 g weiche Butter

225 g extrafeiner Zucker

225 g mit Backpulver gemischtes Mehl

4 Eier

1 EL Vanilleextrakt

1 EL Puderzucker

SCHRITT 1

Den Ofen auf 190 °C vorheizen und zwei Kuchenformen mit einem Durchmesser von 18 cm einfetten und mit Backpapier auslegen.

SCHRITT 2

Das Flexi-Rührelement anbringen. Butter und Zucker in die Schüssel geben und bei mittlerer Geschwindigkeit sahnig schlagen.

SCHRITT 3

Während des Rührens nach und nach das Mehl hinzugeben, bis es vollständig verknetet ist. Anschließend langsam die Eier hinzugeben und dabei immer gut verkneten.

SCHRITT 4

Den Vanilleextrakt hinzugeben und gut verkneten.

SCHRITT 5

Den Teig auf die zwei Kuchenformen verteilen und **25 bis 30 Minuten backen**, bis die Biskuitböden goldbraun sind. Die Biskuitböden sind fertig, wenn Sie mit einem Holzstäbchen in die Mitte der Böden stechen und beim Herausziehen keine Teigreste kleben bleiben.

SCHRITT 6

Abkühlen lassen.

REZEPTIDEE
BUTTERCREME UND MARMELADE

ZUTATEN

225 g weiche Butter

500 g Puderzucker

SCHRITT 1

Für die Buttercreme: Weiche Butter mit Puderzucker glatt schlagen und 30 Minuten abkühlen lassen.

SCHRITT 2

Die Buttercreme auf einem Kuchenboden verteilen und mit Himbeermarmelade bestreichen. Den zweiten Kuchenboden drauflegen und mit Puderzucker bestäuben. Servieren.

EINFACHES SCHAUMGEBÄCK (MERINGUE)

ZUTATEN

4 Eiweiß

220 g extrafeiner Zucker

SCHRITT 1

Den Ballonschneebesen anbringen. Das Eiweiß in der Rührschüssel bei geringer Geschwindigkeit leicht schaumig schlagen.

SCHRITT 2

Die Geschwindigkeit höher stellen und weitere 8 Minuten steif schlagen.

SCHRITT 3

Die Geschwindigkeit wieder runter stellen und den Zucker nach und nach esslöffelweise hinzugeben, bis alles gut vermischt und eine glänzende Meringuemasse entstanden ist.

SCHRITT 4

Die Meringuemasse als Deckschicht für Kuchen verwenden.

Versuchen Sie auch:

ZITRONEN- UND LIMETTENKUCHEN

Siehe Seite 53

PLÄTZCHEN

ZUTATEN

225 g weiche Butter
150 g brauner extrafeiner Zucker
1 Eigelb
1 EL Vanilleextrakt oder -sirup
280 g einfaches Mehl

SCHRITT 1

Den Backofen auf 180 °C vorheizen und ein Backblech mit Backpapier auslegen.

SCHRITT 2

Mehl und Zucker in die Rührschüssel geben, den K-Haken anbringen und bei mittlerer Geschwindigkeit cremig schlagen. Eigelb und Vanilleextrakt hinzugeben und bei mittlerer Geschwindigkeit schlagen, bis alles gut vermischt ist.

SCHRITT 3

Bei langsamer Geschwindigkeit nach und nach das Mehl hinzugeben und alles gut verkneten.

SCHRITT 4

Den Teig aus der Schüssel nehmen und 3 bis 5 mm dick ausrollen.

SCHRITT 5

Mit einer Ausstechform Plätzchen ausstechen und auf das Backblech legen. Zwischen den Plätzchen Abstand lassen, damit sie nicht zusammenkleben.

SCHRITT 6

10 bis 15 Minuten goldbraun backen. Auf einem Backrost abkühlen lassen.

REZEPTIDEE
KEKSE MIT SCHOKOSTÜCKCHEN

Vor dem Backen Schokostückchen über die Plätzchen streuen.

BACKEN

DIE WELT DES BACKENS ERÖFFNET IHNEN EINE UNGEHEURE VIELFALT AN REZEPTEN UND IDEEN, SODASS ES SCHWIERIG WAR, EINE AUSWAHL AN BACKREZEPTEN FÜR DIESES KAPITEL AUSZUWÄHLEN. JEDES LAND IST STOLZ AUF SEINE EIGENEN BROT- UND KUCHENSORTEN IN UNTERSCHIEDLICHEN VARIANTEN UND MIT VERSCHIEDENEN KONSISTENZEN.

Backen umfasst das Herstellen von Brot und Kuchen über Torten und Gebäck bis hin zu Puddings. Sie finden hier aus jedem Bereich Rezepte. Die Kenwood Chef kann beim Backen richtig zeigen, was sie kann, und vereinfacht die Arbeitsschritte.

Mit dem Teighaken sparen Sie viel Zeit und Mühe beim Kneten. Der markenrechtlich geschützte K-Haken ist eine Klasse für sich. Die vielen Arbeitsschritte beim Backen können abschreckend wirken, aber mit der Kenwood Chef wird Backen zum Spaß.

WEITERE REZEPTE FINDEN SIE UNTER **WWW.KENWOODWORLD.COM**

SAUERTEIGBROT

SIE MÜSSEN ZUNÄCHST EINEN „GRUNDTEIG"
HERSTELLEN, DER EINIGE VORBEREITUNGSZEIT
BENÖTIGT. WENN SIE JEDOCH ERST EINMAL
EINEN GRUNDTEIG HERGESTELLT HABEN,
KÖNNEN SIE IHN FAST ZEITLICH UNBEGRENZT IM
KÜHLSCHRANK AUFBEWAHREN, SOLANGE SIE
IHN REGELMÄSSIG AUFFRISCHEN. DER LECKERE
GESCHMACK IST DIE MÜHE JEDOCH WERT.

ERGIBT	2 Laibe Brot
VORBEREITUNG	5 Tage für den Grundteig, 25 Min. plus 3 Std. Zeit zum Aufgehen
ZUBEREITUNG	30-35 Min.
TEMPERATUR	250 °C/Gas 9
SCHWIERIGKEITSGRAD	😊😊
WERKZEUGE	Backblech, Backpapier und ein Backblech mit Rand
ZUBEHÖR	

ZUTATEN

Für den Grundteig:

125 ml Naturjoghurt
150 ml Buttermilch
400 g Roggenmehl
100 g kräftiges Weißmehl
250 ml Wasser

Für die Laibe:

350 ml Wasser
550 g kräftiges Weißmehl sowie
etwas Mehl zum Bestäuben
1 TL Salz
300 g Grundteig

ZUBEREITUNG

▶ Bereiten Sie den Grundteig fünf Tage vorher zu: Joghurt und 100 ml Buttermilch in eine Schüssel geben und mit 100 g Roggenmehl verkneten. Die Schüssel abdecken und bei Raumtemperatur 24 Stunden ruhen lassen.

▶ Am nächsten Tag 100 g Roggenmehl in den Teig kneten. Die Schüssel abdecken und bei Raumtemperatur 48 Stunden ruhen lassen.

▶ Vom Grundteig 100 g des Teigs entnehmen. Weitere 200 g Roggenmehl, 100 ml Wasser und die restlichen 50 ml Buttermilch hinzugeben. Gut mit dem Teig verkneten und weitere 24 Stunden ruhen lassen.

▶ Am nächsten Tag 100 g Weißmehl und 150 ml Wasser hinzugeben. Gut mit dem Teig verkneten und ein letztes Mal 24 Stunden ruhen lassen. Der Grundteig ist jetzt fertig. Im Kühlschrank aufbewahren und alle 2 bis 3 Tage ein Drittel des Teigs entnehmen und durch zu gleichen Teilen Wasser und Roggenmehl ersetzen. Gut verkneten. Auf diese Weise halten Sie den Teig „aktiv" und können ihn fast zeitlich unbegrenzt lagern.

▶ Stellen Sie die Sauerbrotlaibe wie folgt her: Wasser, 500 g weißes Mehl und Salz in die Rührschüssel geben. 300 g des Grundteigs hinzufügen. Den Teighaken anbringen und bei mittlerer Geschwindigkeit 10 Minuten kneten, bis ein kräftiger, glatter und elastischer Teig entstanden ist. Die Rührschüssel entnehmen, mit einem feuchten Tuch abdecken und 3 bis 4 Stunden gehen lassen.

▶ Die Arbeitsoberfläche mehlen und den Teig aus der Rührschüssel nehmen. Den Teig in zwei Teile teilen, die Luft aus dem Teig kneten und zu Laiben formen. Zwei Schüsseln leicht einölen und die Laibe in die zwei Schüsseln geben, abdecken und 3 Stunden ruhen lassen.

▶ Den Backofen auf 250 °C vorheizen und ein Backblech mit Backpapier auslegen.

▶ Die Laibe aus den Schüsseln nehmen und auf das Backblech legen. Gut mit Mehl bestäuben und in jeden Laib ein Kreuz einschneiden.

▶ Wasser im Wasserkocher erhitzen. Etwas Wasser in ein Backblech mit Rand geben und das Backblech in die unterste Ofenschiene schieben. (Der Dampf sorgt für eine schöne Kruste.)

▶ **Die Brotlaibe im Ofen 35 Minuten backen.** Das Brot ist gar, wenn es beim Klopfen auf die Unterseite hohl klingt. Auf einem Backrost etwa eine Stunde abkühlen lassen.

BAGUETTE

ERGIBT	3 Baguettes
VORBEREITUNG	25 Min. plus 7 Std. Zeit zum Aufgehen
ZUBEREITUNG	20 Min.
TEMPERATUR	240 °C/Gas 9
SCHWIERIGKEITSGRAD	◉◉
WERKZEUGE	Backpapier und ein Backblech mit Rand
ZUBEHÖR	

ZUTATEN

2x 7 g Aktiv-Trockenhefe
1 TL Zucker
1 kg einfaches Mehl sowie etwas Mehl zum Bestäuben
2 TL Salz
450–500 ml Wasser
Olivenöl zum Einfetten

ZUBEREITUNG

▶ Den Teighaken anbringen und Hefe, Zucker und etwas warmes Wasser in die Rührschüssel geben. 3 bis 4 Minuten ruhen lassen, bis die Mischung zu schäumen beginnt. Anschließend die Hälfte des Mehls, 250 ml des Wassers und das Salz hinzufügen.

▶ 5 Minuten bei mittlerer Geschwindigkeit kneten, dann die Rührschüssel entfernen und mit einem feuchten Tuch abdecken. An einem warmen Ort 5 Stunden ruhen lassen.

▶ Den Rest des Mehls und des Wassers in die Rührschüssel geben und bei mittlerer Geschwindigkeit 10 Minuten durchkneten, bis ein sehr elastischer Teig entsteht.

▶ Die Seitenwände der Rührschüssel einölen und die Rührschüssel mit einem feuchten Tuch abdecken. Über Nacht oder mindestens 2 Stunden ruhen lassen.

▶ Den Teig eine Minute kneten und dann aus der Rührschüssel nehmen, ihn auf eine gemehlte Arbeitsfläche geben und in drei Teile teilen. Jeden Teig zu einer Baguetteform formen und mit einem scharfen Messer vier Mal diagonal einschneiden. Leicht mit Mehl bestäuben.

▶ Den Ofen auf 240 °C vorheizen.

▶ Auf Backpapier legen und 15 Minuten ruhen lassen.

▶ Wasser im Wasserkochen erhitzen. Ein bisschen Wasser in ein Backblech mit Rand geben und das Backblech in die unterste Ofenschiene schieben. (Der Dampf sorgt für eine schöne Kruste.)

▶ **Baguettes 20 Minuten backen,** bis sie knusprig und goldbraun sind. Auf einem Backrost abkühlen lassen. Noch am selben Tag verzehren.

MAISBROT MIT KREUZKÜMMEL UND FENCHEL

MAISBROT IST EINE LECKERE ALTERNATIVE ZU HERKÖMMLICHEN BROTSORTEN MIT EINEM WEICHEN, MÜRBEN TEIG, DAS GERNE ZU SUPPEN UND ZU GERICHTEN MIT ÜPPIGEN SAUCEN GEREICHT WIRD.

PORTIONEN	4
VORBEREITUNG	10 Min.
ZUBEREITUNG	30 Min.
TEMPERATUR	200 °C/Gas 6
SCHWIERIGKEITSGRAD	●
WERKZEUGE	Brotbackform
ZUBEHÖR	

ZUTATEN

1 EL Fenchelsamen

1 EL Kreuzkümmelsamen

1 EL gemahlener Fenchel

1 EL gemahlener Kreuzkümmel

250 g einfaches Mehl

250 g Maismehl/Polenta

1 EL Backpulver

50 ml Wasser

1 TL Salz

2 Eier, geschlagen

250 ml Buttermilch

60 g zerlassene Butter

60 g extrafeiner Zucker

ZUBEREITUNG

▶ Den Backofen auf 200 °C vorheizen und eine Brotbackform einfetten.

▶ Fenchelsamen und Kreuzkümmelsamen in einer Pfanne ohne Fett rösten, bis ein feiner Duft aufzieht. Zur Seite stellen.

▶ Mehl, Maismehl, Backpulver, die gemahlenen Gewürze, Wasser und Salz in die Rührschüssel geben. Den Teighaken anbringen.

▶ In einer anderen Schüssel Eier, Buttermilch, zerlassene Butter und Zucker verrühren. Diese Mischung in die Rührschüssel geben und bei hoher Geschwindigkeit 10 Sekunden kneten. Der Teig soll dabei klumpig bleiben.

▶ Den Teig in die eingefettete Brotbackform geben, mit den Fenchel- und Kreuzkümmelsamen bestreuen. **Eine halbe Stunde backen,** bis der Teig fest ist und auf Druck nachgibt. Auf einem Backrost abkühlen lassen. Lauwarm servieren.

TIGERBROT MIT WALNUSSÖL

EIN SCHMACKHAFTES, WEICHES BROT AUS REISMEHL UND WALNUSSÖL, DAS SICH DURCH EINE KNUSPRIGE KRUSTE AUSZEICHNET. DAS TIGERBROT HAT SEINEN NAMEN VON SEINEM TYPISCHEN MUSTER DER KRUSTE.

PORTIONEN	4
VORBEREITUNG	10 Min. plus 1 Std. 30 Min. Zeit zum Aufgehen und Ruhen
ZUBEREITUNG	25-30 Min.
TEMPERATUR	200 °C/Gas 6
SCHWIERIGKEITSGRAD	❷
WERKZEUGE	Backpapier und Backblech
ZUBEHÖR	

ZUTATEN

7 g Aktiv-Trockenhefe
300 ml lauwarmes Wasser
Eine Prise Zucker
450 g kräftiges Weißmehl für Brot
Eine Prise Salz

Für den Tigerbrei:

30 g Reismehl
1 TL Trockenhefe („Fast Action")
1 TL extrafeiner Zucker
50 ml lauwarmes Wasser
2 TL Walnussöl

ZUBEREITUNG

▶ Hefe, etwas warmes Wasser und Zucker in die Rührschüssel geben und 10 Minuten gehen lassen, bis die Mischung schäumt.

▶ Das Mehl zur Hefemischung in die Rührschüssel geben, das restliche Wasser hinzugeben und den Teighaken befestigen.

▶ Etwas Salz hinzugeben und bei geringer Geschwindigkeit kneten. Die mittlere Geschwindigkeit einstellen, sobald Mehl und Wasser gut vermengt sind.

▶ Den Teig 8 bis 9 Minuten kneten. Dann die Rührschüssel entnehmen und mit einem feuchten Tuch abdecken. An einem warmen Ort etwa eine Stunde ruhen lassen, bis sich das Volumen des Teigs verdoppelt hat.

▶ Den Backofen auf 200 °C vorheizen und ein Backblech mit Backpapier auslegen.

▶ Den K-Haken anbringen und den Brei vorbereiten: Reismehl, Hefe, Zucker und Wasser bei geringer Geschwindigkeit mischen. Die höchste Geschwindigkeit einstellen und das Walnussöl hinzugeben. Gut vermischen und zur Seite stellen.

▶ Den Teig zu einem runden Laib formen und auf das Backblech legen. Die Oberseite des Laibs mit dem Tigerbrei bestreichen. 30 Minuten ruhen lassen.

▶ **Dann 25-30 Minuten backen.** Aus dem Ofen nehmen und auf einem Backrost abkühlen lassen.

RUSSISCHES ROGGENBROT MIT RÜBENSIRUP

DIESES BROT NACH RUSSISCHEM REZEPT SCHMECKT HERVORRAGEND ZU GERÄUCHERTEM LACHS.

PORTIONEN	4
VORBEREITUNG	10 Min. plus 1 Std. 30 Min. Zeit zum Aufgehen und Ruhen
ZUBEREITUNG	30 Min.
TEMPERATUR	240 °C/Gas 9
SCHWIERIGKEITSGRAD	
WERKZEUGE	Brotbackform
ZUBEHÖR	

ZUTATEN

450 g Roggenmehl

450 g einfaches Mehl

7 g Aktiv-Trockenhefe

45 g extrafeiner Zucker

500 ml warmes Wasser

2 EL Rübensirup

2 TL Salz

ZUBEREITUNG

▶ Den K-Haken anbringen und alle Zutaten (außer Salz) bei geringer Geschwindigkeit 4 Minuten in einen geschmeidigen Teig verkneten. Das Salz hinzugeben und weitere 30 Sekunden kneten.

▶ Den K-Haken entfernen und den Teighaken anbringen. Bei mittlerer Geschwindigkeit 10 Minuten kneten. Hin und wieder Teigreste von den Seitenwänden der Rührschüssel kratzen.

▶ Die Rührschüssel entnehmen und mit einem feuchten Tuch abdecken. An einem warmen Ort eine Stunde gehen lassen, bis sich das Teigvolumen verdoppelt hat.

▶ Den Teig in eine Brotbackform geben oder aus dem Teig einen Laib formen und auf ein mit Backpapier ausgelegtes Backblech legen. Weitere 30 Minuten ruhen lassen.

▶ Die Oberfläche des Laibs mit einem Schaber glatt streichen und mit Wasser bestreichen. **30 Minuten bei 240 °C backen,** dann aus dem Ofen nehmen und auf einem Backrost abkühlen lassen.

BRIOCHE

ERGIBT	1 Laib
VORBEREITUNG	50 Min. plus 2 Std. Zeit zum Aufgehen
ZUBEREITUNG	1 Std. 15 Min.
TEMPERATUR	200 °C/Gas 6
SCHWIERIGKEITSGRAD	◕ ◕
WERKZEUGE	Brotbackform
ZUBEHÖR	

ZUTATEN

7 g Aktiv-Trockenhefe

60 ml warme Milch

450 g einfaches Mehl

1 EL Salz

4 Eier, geschlagen

250 g Butter

30 g extrafeiner Zucker

Zum Bestreichen:

1 Ei, geschlagen mit 2 EL Milch

ZUBEREITUNG

❯ Hefe und Milch in die Rührschüssel geben und 5 Minuten ruhen lassen.

❯ Mehl, Salz und Eier hinzufügen und den Teighaken anbringen. Bei geringer Geschwindigkeit 5 Minuten kneten.

❯ In die mittlere Geschwindigkeit schalten und weitere 10 Minuten kneten, bis ein geschmeidiger, elastischer Teig entstanden ist.

❯ Den Teig aus der Rührschüssel nehmen und zur Seite stellen. Den Teighaken entfernen und den K-Haken anbringen. Butter und extrafeinen Zucker cremig schlagen.

❯ Den Teig in die Rührschüssel geben und alles miteinander verkneten, bis der Teig glänzt und nicht mehr an der Schüssel kleben bleibt.

❯ Die Rührschüssel entnehmen und mit einem feuchten Tuch abdecken. An einem warmen Ort mehrere Stunden gehen lassen.

❯ Den Teighaken anbringen und bei geringer Geschwindigkeit mehrere Minuten die Luft aus dem Teig kneten. Die Rührschüssel entnehmen, abdecken und über Nacht in den Kühlschrank stellen.

❯ Den Backofen auf 200 °C vorheizen und eine Brotbackform einfetten.

❯ Den Teig aus dem Kühlschrank nehmen und in zwei Teile teilen. Dabei soll ein Teig doppelt so groß sein wie der zweite. Den größeren Teig zu einem Laib formen und in eine Brotbackform geben. Den kleineren Teig zu 6 gleich großen Kugeln formen und oben auf den Laib drücken.

❯ Die Oberseite mit der geschlagenen Eier- und Milchmischung bestreichen. Eine Stunde gehen lassen, bis sich das Volumen des Teigs verdoppelt hat.

❯ **Die Brioche 15 Minuten backen.** Die Hitze auf 160 °C herunterschalten und **weitere 50 bis 60 Minuten backen.**

❯ Aus dem Ofen nehmen und in der Brotbackform 5 Minuten abkühlen lassen, bevor der Laib aus der Form auf einen Backrost gestürzt wird.

NAAN MIT KORIANDER UND PFEFFER

NAAN IST EIN WEICHES, FLUFFIGES FLADENBROT MIT DEN TYPISCHEN KNUSPRIG-BRAUNEN FLECKEN. DAS WICHTIGSTE IST, DAS BROT SO HEISS WIE MÖGLICH ZU GRILLEN UND DAZU EINE RICHTIG HEISSE GUSSEISERNE PFANNE ZU VERWENDEN, UM DIE HOHEN TEMPERATUREN DES TRADITIONELLEN TANDUR NACHZUAHMEN.

PORTIONEN	4
VORBEREITUNG	10 Min.
ZUBEREITUNG	30 Min.
SCHWIERIGKEITSGRAD	●
WERKZEUGE	Gusseiserne Bratpfanne oder flache Pfanne
ZUBEHÖR	

ZUTATEN

7 g Aktiv-Trockenhefe

60 ml warme Milch

500 g einfaches Mehl

1 TL Zucker

2 TL Schwarzkümmel (Nigella-Samen)

400 ml warme Milch

45 ml Naturjoghurt

1 Ei, geschlagen

1 TL gemahlener Koriander

Sonnenblumenöl

2 EL zerlassene Butter

2 EL gehackter Koriander zum Garnieren

Salz und Pfeffer zum Abschmecken

ZUBEREITUNG

❯ Hefe mit etwas warmer Milch in einer Schüssel vermischen und 10 Minuten ruhen lassen.

❯ Den Teighaken anbringen und Mehl, Zucker und Schwarzkümmel in die Rührschüssel geben. Die Hefemischung hinzugeben und bei mittlerer Geschwindigkeit kneten.

❯ Während des Knetens die warme Milch und den Naturjoghurt und dann die Eier und eine Prise Salz hinzugeben. Bei geringer Geschwindigkeit 10 Minuten kneten.

❯ Die Rührschüssel entnehmen, mit einem feuchten Tuch abdecken und an einem warmen Ort eine Stunde ruhen lassen. 1 bis 2 Esslöffel Mehl hinzugeben, wenn der Teig zu feucht ist.

❯ Die Arbeitsfläche großzügig mehlen. Handtellergroße Stücke des Teigs in Tränenform 1 cm dick ausrollen. Mit gemahlenen schwarzem Pfeffer bestreuen. Weitere 30 Minuten gehen lassen und währenddessen eine gusseiserne Bratpfanne oder flache Pfanne stark erhitzen.

❯ Etwas Öl in die Pfanne geben und einen Laib Naan in die Pfanne legen. **Eine Minute backen,** bis die Oberfläche Blasen schlägt und braun wird. Das Naan-Brot aus der Pfanne nehmen und im vorgeheiztem Ofen warm halten. Währenddessen die anderen Naan-Brote backen. Darauf achten, dass die Pfanne immer heiß ist.

❯ Mit zerlassener Butter bestreichen, den frischen Koriander darüber streuen und mit einem Curry Ihrer Wahl servieren.

SELBSTGEMACHTES PITABROT

PORTIONEN	6
VORBEREITUNG	15 Min. plus 1 Std. zum Aufgehen
ZUBEREITUNG	2 Min. pro Pitabrot
SCHWIERIGKEITSGRAD	●
WERKZEUGE	Nudelholz, Bratpfanne oder flache Pfanne und Backpapier
ZUBEHÖR	

ZUTATEN

7 g Aktiv-Trockenhefe
1 EL Zucker
300 g kräftiges Mehl
150 ml lauwarmes Wasser
2 EL Olivenöl
2 TL Salz

ZUBEREITUNG

▸ Die Hefe und etwas warmes Wasser zusammen mit dem Zucker in die Rührschüssel geben. Sobald sich Schaum bildet, das Mehl hinzugeben. Den Teighaken anbringen und bei geringer Geschwindigkeit kneten. Beim Kneten nach und nach das Wasser und Öl hinzugeben.

▸ Salz hinzugeben und weitere 5 Minuten kneten.

▸ Die Rührschüssel entnehmen, mit einem Tuch abdecken. An einem warmen Ort mindestens eine Stunde gehen lassen.

▸ Den Teig aus der Rührschüssel nehmen, auf eine gemehlte Arbeitsfläche legen und die Luft aus dem Teig kneten.

▸ Aus dem Teil sechs Laibe formen. Nach Belieben einige Chiliflocken, Pfeffer oder Kreuzkümmelsamen hinzugeben.

▸ Jeden Laib auf 15 cm Durchmesser ausrollen.

▸ Eine gusseiserne Bratpfanne oder eine flache Pfanne mit etwas Öl ausstreichen und stark erhitzen, aber nicht rauchen lassen. **Jeden Laib einige Minuten auf jeder Seite ausbacken,** bis sie aufgehen.

▸ Auf Butterbrotpapier stapeln und servieren. Die Pitabrote können in einem Tuch eingeschlagen auf der untersten Schiene im Backofen warm gehalten werden.

KLEINE, SÜSSE BRÖTCHEN

PORTIONEN	12
VORBEREITUNG	10 Min. plus 1 Std. zum Aufgehen
ZUBEREITUNG	20 Min.
TEMPERATUR	190 °C/Gas 5
SCHWIERIGKEITSGRAD	⊖
WERKZEUGE	Backblech
ZUBEHÖR	

ZUTATEN

250 ml Milch
30 g zerlassene Butter
1 Ei
400 g einfaches Mehl
7 g Aktiv-Trockenhefe
60 g extrafeiner Zucker
Eine Prise Salz
1 Ei, geschlagen

ZUBEREITUNG

▸ Milch, Butter und Ei in die Rührschüssel geben und den Ballonschneebesen anbringen. Bei geringer Geschwindigkeit schlagen.

▸ Den Ballonschneebesen entfernen und den Teighaken anbringen. Mehl, Hefe, Zucker und Salz hinzugeben. Bei mittlerer Geschwindigkeit 6 bis 8 Minuten kneten.

▸ Die Schüssel mit einem Tuch abdecken und an einem warmen Ort eine Stunde gehen lassen, bis sich das Teigvolumen verdoppelt hat.

▸ Den Backofen auf 190 °C vorheizen.

▸ Den Teig aus der Rührschüssel nehmen und zu 12 Brötchen formen. Die Brötchen auf ein Backblech legen und weitere 20 Minuten gehen lassen.

▸ Mit dem geschlagenen Ei bestreichen und **im Backofen etwa 20 Minuten goldbraun** und fluffig backen. Abkühlen lassen.

PIZZA MIT PARMASCHINKEN, RUKOLA, KAPERN UND PARMESAN

WENN DER TEIG 24 STUNDEN GÄREN KANN, WIRD IHR PIZZATEIG BESONDERS AROMATISCH UND KNUSPRIG.

PORTIONEN	4
VORBEREITUNG	5 Min. plus 24 Std. zum Gären und Aufgehen
ZUBEREITUNG	12 Min.
TEMPERATUR	250 °C/Gas 9
SCHWIERIGKEITSGRAD	●
ZUBEHÖR	

ZUTATEN

Für den Teig:

250 g kräftiges Weißmehl
7 g Trockenhefe
1 EL Zucker
120 ml lauwarmes Wasser
1 EL Salz
20 ml Olivenöl

Für den Belag:

Tomatenpüree
150 g Mozzarella oder Emmentaler, gerieben
4 EL Kapern
75 g Parmesan
4 Scheiben Parmaschinken
100 g Rukola
Olivenöl zum Beträufeln
Salz und Pfeffer

ZUBEREITUNG

▸ *Zubereitung des Teigs:* Mehl, Hefe und Zucker in die Rührschüssel geben. Den Teighaken anbringen und bei geringer Geschwindigkeit kneten. Beim Kneten langsam das Wasser hinzugeben. Den Teig einige Minuten kneten und dann das Salz hinzugeben.

▸ In die mittlere Geschwindigkeit schalten, das Öl hinzufügen und den Teig weitere 10 Minuten kneten.

▸ Den Teig in eine große Schüssel geben und mit einem feuchten Tuch abdecken. 2 Stunden gehen lassen und dann die Luft aus dem Teig kneten. Weitere 2 Stunden gehen lassen und dann mit einem Stück mit Öl bestrichener Klarsichtfolie abdecken und im Kühlschrank bis zu 20 Stunden ruhen lassen.

▸ Den Teig aus dem Kühlschrank nehmen und in vier gleich große Teile teilen. Jeden Teig dünn ausrollen.

▸ Den Ofen auf 250 °C vorheizen.

▸ Das Tomatenpüree auf dem Pizzaboden mit 2 cm Abstand zum Rand verteilen. Den Käse darüber streuen und mit Salz und Pfeffer abschmecken.

▸ Die Kapern und die Hälfte des Parmesankäses darüber streuen und **12 Minuten im Ofen backen,** bis der Käse Blasen wirft und knusprig-braun ist.

▸ Aus dem Ofen nehmen, mit Parmaschinken und Rukola belegen. Mit Olivenöl beträufeln und servieren.

AUFLAUF MIT HÜHNCHEN, LAUCH UND SCHINKEN

PORTIONEN	4
VORBEREITUNG	25 Min. plus Zeit zum Ruhen
ZUBEREITUNG	60 Min.
TEMPERATUR	180 °C/Gas 4
SCHWIERIGKEITSGRAD	● ●
WERKZEUGE	Auflaufform und Backbohnen
ZUBEHÖR	

ZUTATEN

Für den Auflaufteig:

150 g gekühlte, ungesalzene Butter, gewürfelt
300 g einfaches Mehl
2 Eier, davon 1 Ei geschlagen
Eine Prise Salz
30 ml Wasser

Für die Füllung:

1 Zwiebel
1 Stange Lauch
1 Knoblauchzehe
6 Hähnchenschenkel, ohne Haut und Knochen
200 ml Wermut oder Weißwein
200 ml Doppelsahne
125 g Schinken, gewürfelt
1 EL gehackter Estragon

Für die Mehlschwitze:

50 g Butter
50 g einfaches Mehl
200 ml Hühnerbrühe
Olivenöl
Salz und Pfeffer zum Abschmecken

ZUBEREITUNG

▸ Den Backofen auf 180 °C vorheizen.

▸ Butter, Mehl, ein Ei und Salz in die Rührschüssel geben, den K-Haken anbringen und bei mittlerer Geschwindigkeit zu einem Teig kneten. Gegebenenfalls etwas Wasser hinzugeben.

▸ Auf einer gemehlten Arbeitsfläche den Auflaufteig zu einem kleinen Rechteck ausrollen, in Klarsichtfolie wickeln und eine halbe Stunde im Kühlschrank ruhen lassen.

▸ Zwiebel, Lauch und Knoblauch fein hacken und mit etwas Olivenöl dünsten, bis alles glasig und weich ist. Gut abschmecken.

▸ Das Hähnchen würfeln und in die Pfanne geben. **8 Minuten dünsten.** Den Wermut hinzugeben und gut umrühren. Zum Kochen bringen und die Flüssigkeit zur Hälfte reduzieren lassen, auf eine niedrige Hitze herunter stellen und die Sahne hinzugeben. 5 Minuten köcheln lassen, den gewürfelten Schinken und den Estragon hinzugeben.

▸ In einem anderen Kochtopf die Mehlschwitze zubereiten: 50 g Butter im Kochtopf zerlassen und 50 g einfaches Mehl einrühren. Gut vermischen und einige Minuten bei geringer Hitze unter Rühren kochen. Nach und nach die Hühnerbrühe hinzugeben. Dann die Hühnchen- und Schinkenmasse hinzugeben. Gut umrühren.

▸ Den Auflaufteig aus dem Kühlschrank nehmen und 1 cm dick ausrollen. Ausreichend Teig für die obere Seite des Auflaufs zur Seite legen. Die Auflaufform mit dem Teig auslegen und darüber Backpapier mit Backbohnen legen. **10 Minuten im Ofen backen.**

▸ Aus dem Ofen nehmen. Die Backbohnen und das Backpapier entfernen, mit dem geschlagenen Ei bestreichen und **weitere 5 Minuten im Ofen backen.**

▸ Aus dem Ofen nehmen. Die Auflaufform mit der Hühnchen- und Schinkenmischung füllen, mit dem zur Seite gelegten Teig abdecken und die Kanten an den Seiten zusammendrücken. Ein Loch in die Mitte stechen, damit der Dampf entweichen kann. Den Auflauf oben mit dem geschlagenen Ei bestreichen und **im Ofen 35 bis 40 Minuten backen,** bis der Auflauf knusprig und goldbraun ist.

▸ Aus dem Ofen nehmen, etwas abkühlen lassen und servieren.

CROISSANTS UND PAIN AU CHOCOLAT

DAS GEHEIMNIS EINES RICHTIG GUTEN CROISSANTS IST EIN SEHR FLOCKIGER TEIG. DIESER TEIG IST EINFACH ZUZUBEREITEN. SIE BRAUCHEN NUR ETWAS GEDULD UND ZEIT.

PORTIONEN	6
VORBEREITUNG	35 Min. plus Zeit zum Aufgehen
ZUBEREITUNG	15 Min.
TEMPERATUR	200 °C/Gas 6
SCHWIERIGKEITSGRAD	❂❂❂
WERKZEUGE	Nudelholz, Backblech
ZUBEHÖR	

ZUTATEN

7 g Aktiv-Trockenhefe

60 g Zucker

250 ml warme Milch

500 g einfaches Mehl sowie etwas Mehl zum Bestäuben

Eine Prise Salz

275 g gekühlte Butter

Zum Bestreichen:

1 Ei, geschlagen

Dunkle Schokolade mit 70 % Kakaoanteil für die Pains au chocolat

ZUBEREITUNG

▷ Hefe und 5 g Zucker mit wenig Milch in eine Schüssel geben. 3 bis 4 Minuten ruhen lassen, bis die Mischung zu schäumen beginnt.

▷ Mehl, Salz und den Rest des Zuckers (55 g) in die Rührschüssel geben, den Teighaken anbringen und bei geringer Geschwindigkeit gut kneten.

▷ Die Hefemischung und den Rest der Milch in die Rührschüssel geben und bei geringer Geschwindigkeit die Milch gut in den Teig kneten. Nicht zu lange kneten, da sonst der Teig zu schwer wird.

▷ Den Teig in der Rührschüssel lassen und an einem warmen Ort eine Stunde gehen lassen.

▷ Auf einer gemehlten Arbeitsfläche den Teig zu einem großen Rechteck ausrollen. Dabei immer in eine Richtung ausrollen.

▷ Den gesamten Teig mit Butterflöckchen belegen und in drei Teile von oben nach unten falten. Erneut ausrollen und mit Butterflöckchen belegen. Wieder in drei Teile falten und den Teig über Nacht im Kühlschrank ruhen lassen.

▷ Den Teig zu einem Rechteck von 45 cm x 15 cm ausrollen und in Dreiecke schneiden (ca. 20 cm x 10 cm). Von der Spitze aus aufrollen und zu Hörnchen biegen. Eine weitere Stunde aufgehen lassen.

▷ Jedes Croissant mit geschlagenem Ei bestreichen und auf ein eingefettetes Backblech legen. **Im Ofen bei 220 °C 15 Minuten** goldbraun backen.

▷ Zubereitung der Pains au chocolat: Aus dem Teig Rechtecke schneiden und zwei Schokoladenstreifen nebeneinander in die Mitte legen. Die Ecken einknicken und zu einer Zylinderform aufrollen. Mit Ei bestreichen und wie Croissants backen.

NORWEGISCHE SKILLINGSBOLLER

WENN SIE DEN TEIG ÜBER NACHT
LANGSAM AUFGEHEN LASSEN, KÖNNEN
SIE ZUM FRÜHSTÜCK KÖSTLICHE, WEICHE
ZIMTSCHNECKEN GENIESSEN.

PORTIONEN	12
VORBEREITUNG	20 Min.
ZUBEREITUNG	25 Min.
TEMPERATUR	200 °C/Gas 6
SCHWIERIGKEITSGRAD	
WERKZEUGE	Nudelholz, Backblech, Backpapier
ZUBEHÖR	

ZUTATEN

250 g Butter
400 ml Milch
250 g extrafeiner Zucker
2 EL gemahlener Zimt
1 TL gemahlener Kardamom
600 g einfaches Mehl
7 g Aktiv-Trockenhefe
Eine Prise Salz
2 EL Kristallzucker

ZUBEREITUNG

› Die Hälfte der Butter in einem Topf schmelzen. Die Hälfte der Milch, die Hälfte des extrafeinen Zuckers, die Hälfte des Zimts sowie den Kardamom hinzugeben und auflösen lassen.

› Mehl und Hefe in die Rührschüssel geben, den Teighaken anbringen und bei geringer Geschwindigkeit alles gut vermischen. Die Buttermischung und die restliche Milch hinzugeben und alles zu einem leicht klebrigen Teig verkneten. Das Salz hinzugeben und bei mittlerer Geschwindigkeit kneten, bis sich der Teig von den Wänden der Rührschüssel löst. Dazu gegebenenfalls etwas mehr Milch und Mehl hinzugeben.

› Die Rührschüssel mit einem feuchten Tuch abdecken und an einem warmen Ort eine Stunde ruhen lassen.

› Restliche Butter, extrafeiner Zucker und Zimt in einem Topf langsam erwärmen, bis die Butter weich, aber nicht geschmolzen ist. Gut verrühren und abkühlen lassen.

› Den Teig in zwei Teile teilen. Einen Teil zu einem Rechteck von 50 cm x 25 cm ausrollen. Die Zimtbutter auf dem Teig verteilen und den Teig vom Körper weg zu einer Zylinderform aufrollen.

› Mit der Teignaht nach unten auf ein Schneidbrett legen und in 3 cm dicke Ringe schneiden. Mit der Oberseite nach oben auf ein Backblech legen und zwischen den Zimtschnecken 2 cm Abstand lassen. Mit dem restlichen Teig genauso verfahren.

› Eine Stunde oder über Nacht im Kühlschrank gehen lassen.

› Aus dem Kühlschrank nehmen und den Ofen auf 200 °C vorheizen. **Die Zimtschnecken 20 Minuten goldbraun und fluffig backen.** Den Kristallzucker darüber streuen, fünf Minuten abkühlen lassen und servieren.

BUTTERMILCH-PFANNKUCHEN MIT AHORNSIRUP

PORTIONEN	4
VORBEREITUNG	10 Min.
ZUBEREITUNG	10 Min.
SCHWIERIGKEITSGRAD	●
WERKZEUGE	Flache Pfanne
ZUBEHÖR	

ZUTATEN

250 ml Buttermilch
2 EL Pflanzenöl
2 Eier
200 g Mehl
2 TL Backpulver
1 TL Natron
1 EL Zucker

Beilage:

Ahornsirup
Butter
Puderzucker zum Bestäuben

ZUBEREITUNG

▶ Den K-Haken anbringen. Buttermilch, Öl und Eier in die Rührschüssel geben und bei mittlerer Geschwindigkeit mischen.

▶ Mehl, Backpulver, Natron und Zucker in die Rührschüssel geben und alles gut verkneten. Der Teig sollte noch etwas klumpig sein.

▶ Eine flache Pfanne mit etwas Öl erhitzen und Teig für 8 cm große Pfannkuchen in die Pfanne geben. **Ein paar Minuten ausbacken,** bis sich Bläschen bilden.

▶ Mit einem Schaber wenden und weitere 2 Minuten backen.

▶ Auf einem Teller aufeinander stapeln, mit Ahornsirup und Butter beträufeln und dann mit Puderzucker bestäuben.

GOUGÈRE MIT GREYERZER

PORTIONEN	6-8 (ergibt 14)
VORBEREITUNG	15 Min.
ZUBEREITUNG	25 Min.
TEMPERATUR	200 °C/Gas 6
SCHWIERIGKEITSGRAD	●
WERKZEUGE	Backblech und Backpapier
ZUBEHÖR	

ZUTATEN

125 g ungesalzene Butter
125 ml Milch
1 TL Dijon-Senf
1 TL Salz
1 TL Paprikapulver
125 ml Wasser
225 g einfaches Mehl
4 große Eier
150 g Greyerzer-Käse, gerieben

ZUBEREITUNG

▷ Den Backofen auf 200 °C vorheizen und ein großes Backblech mit Backpapier auslegen.

▷ Butter, Milch, Senf, Salz, Paprikapulver und Wasser in einen Kochtopf geben und zum Kochen bringen. Die Hitze reduzieren und das Mehl einrühren. Weitere 3 Minuten unter ständigem Rühren mit einem Holzlöffel kochen, bis die Mischung sich von den Seitenwänden des Kochtopfs löst.

▷ Den K-Haken anbringen und die Mischung in die Rührschüssel geben. Bei mittlerer Geschwindigkeit 1 Minute kneten.

▷ Die Eier nacheinander hinzugeben. Dabei jedes Ei vor dem Hinzufügen des nächsten gut verkneten.

▷ Den geriebenen Käse hinzugeben und ebenfalls gut verkneten.

▷ Esslöffelweise den Teig in einem Kreis auf das Backblech geben, aber etwas Abstand zwischen den Gougère lassen. Beim Aufgehen laufen Sie ineinander, behalten aber ihre ursprüngliche Form.

▷ **8 bis 10 Minuten backen,** dann die Hitze auf 170 °C reduzieren. **Weitere 15 Minuten backen,** bis die Gougères goldbraun sind.

▷ Aus dem Backofen nehmen und mit einem Zahnstocher in jede Gougère stechen, damit der Dampf entweichen kann.

▷ Einige Minuten abkühlen lassen und servieren.

KÄSESTANGEN MIT PAPRIKA

EIN SCHNELL UND EINFACH ZUBEREITETER SNACK, DER ZU EINEM APERITIF GEREICHT WERDEN KANN.

PORTIONEN	8
VORBEREITUNG	5 Min. plus Ruhezeit
ZUBEREITUNG	15 Min.
TEMPERATUR	200 °C/Gas 6
SCHWIERIGKEITSGRAD	●
WERKZEUGE	Backblech
ZUBEHÖR	

ZUTATEN

400 g kräftiges Weißmehl

100 g einfaches, helles Mehl

500 g ungesalzene Butter, gekühlt und gewürfelt

5 g Salz

300 ml sehr kaltes Wasser

1 EL Apfelessig

50 g Parmesankäse

200 g Jarlsberg-Käse

1 EL Paprikapulver

Salz und Pfeffer

ZUBEREITUNG

▷ Den Teighaken anbringen. Beide Mehlsorten und die Butter in die Rührschüssel geben. Langsam alles gut verkneten (2 Minuten bei geringer Geschwindigkeit). Dann Salz, Wasser und Apfelessig hinzugeben und bei mittlerer Geschwindigkeit zu einer Kugel verkneten. Der Essig sorgt dafür, dass der Teig weicher und besser ausgerollt werden kann.

▷ Die Arbeitsfläche mehlen und vorsichtig ausrollen. Teig zusammenklappen und erneut ausrollen. Dabei die Arbeitsfläche mehlen. Teig zu einem großen Rechteck ausrollen. Das Rechteck in der Hälfte durchschneiden und jede Hälfte zu einem Rechteck von ca. 20 cm x 35 cm ausrollen. In Klarsichtfolie einwickeln und im Kühlschrank 20 Minuten kühlen.

▷ Den Backofen auf 200 °C vorheizen.

▷ Beide Rechtecke aus dem Kühlschrank nehmen, erneut ausrollen und erneut zusammenklappen, einwickeln und weitere 20 Minuten kühlen.

▷ Beide Rechtecke ausrollen (55 cm x 25 cm). Ein Rechteck mit Parmesan- und Jarlsberg-Käse sowie mit Paprikapulver und etwas Salz und Pfeffer bestreuen. Das andere Rechteck darüber legen.

▷ In Streifen schneiden und verdrehen. **Im Ofen 12 Minuten backen,** bis die Käsestangen goldbraun sind. Auf einem Backrost abkühlen lassen und servieren.

SCHWARZTEE-MUFFINS

DAS RAUCHIGE AROMA DES TEES, KOMBINIERT MIT
DER LEICHTEN SÜSSE DER MUFFINS, MACHT AUS DEN
KLASSIKERN EINE EXOTISCHE KÖSTLICHKEIT.

PORTIONEN	12
VORBEREITUNG	10 Min.
ZUBEREITUNG	20 Min.
TEMPERATUR	180 °C/Gas 4
SCHWIERIGKEITSGRAD	●
WERKZEUGE	Backblech oder Muffin-Backform
ZUBEHÖR	

ZUTATEN

2 Eier
100 ml Olivenöl
100 ml Milch
200 g extrafeiner Zucker
375 g mit Backpulver gemischtes Mehl
1 TL Backpulver
1 TL feine Lapsang Souchong-Teeblätter
Eine Prise Salz
Puderzucker zum Bestäuben

ZUBEREITUNG

‣ Den Backofen auf 180 °C vorheizen und
ein Backblech oder eine Muffin-Backform mit
12 Muffin-Backförmchen auslegen.

‣ Den K-Haken anbringen. Eier, Öl und Milch
in die Rührschüssel geben und bei mittlerer
Geschwindigkeit vermischen. Den Zucker nach
und nach hinzugeben und alles verrühren, bis der
Zucker sich gelöst hat.

‣ Die restlichen Zutaten hinzugeben und gut und
glatt verrühren.

‣ Jedes Backförmchen bis zu zwei Drittel mit dem
Teig füllen und ca. **2 Minuten goldbraun backen.**

‣ Mit Puderzucker bestäuben und servieren.

SCHOKO-CHILI-BROWNIES MIT COGNAC

PORTIONEN	12
VORBEREITUNG	20 Min.
ZUBEREITUNG	20-25 Min.
TEMPERATUR	180 °C/Gas 4
SCHWIERIGKEITSGRAD	✪
WERKZEUGE	Quadratische/rechteckige Backform, Backpapier
ZUBEHÖR	

ZUTATEN

250 g dunkle Schokolade (80 % Kakaoanteil)

50 g Milchschokolade

150 g Butter

150 g brauner Zucker

150 g brauner extrafeiner Zucker

4 Eier

100 g einfaches Mehl

Eine Prise Salz

2 EL Chilipulver

2 EL Cognac

4 EL Kakaopulver

ZUBEREITUNG

▶ Den Backofen auf 180 °C vorheizen und eine quadratische oder rechteckige Backform mit Backpapier auslegen.

▶ Einen Topf mit Wasser zum Kochen bringen und die dunkle Schokolade, Milchschokolade und Butter zusammen in einer hitzebeständigen Schüssel im Wasserbad langsam schmelzen. Gelegentlich umrühren und die Hitze reduzieren, sobald die Schokolade geschmolzen ist.

▶ Den Ballonschneebesen anbringen. Die geschmolzene Schokolade, den Zucker und die Eier in die Rührschüssel geben und bei hoher Geschwindigkeit 5 Minuten vermischen.

▶ Den Ballonschneebesen entfernen und den K-Haken anbringen. Nach und nach das Mehl hinzugeben, während bei geringer Geschwindigkeit die Masse vermischt wird. Salz, Chilipulver, Cognac und Kakaopulver hinzugeben und glatt rühren.

▶ Die Masse in die Backform geben und **20 Minuten backen,** bis der Teig fest, aber weich ist und auf Druck nachgibt. Aus dem Ofen nehmen und abkühlen lassen. Mit Kakaopulver bestäuben und in 12 Quadrate schneiden. In einem luftdicht verschlossenen Behälter aufbewahren.

PENNSYLVANIADEUTSCHER APFEL-CRUMBLE

PORTIONEN	4
VORBEREITUNG	25 Min. plus 1 Std. zum Ruhen
ZUBEREITUNG	35-40 Min.
TEMPERATUR	200 °C/Gas 6
SCHWIERIGKEITSGRAD	◗
WERKZEUGE	4 kleine Auflaufformen
ZUBEHÖR	

ZUTATEN

Für den Auflaufteig:

175 g einfaches Mehl
85 g Butter (gewürfelt)
30-45 ml Wasser
Prise Salz

Für die Füllung:

1 TL Zimt
1 TL Muskat
Schale und Saft von 1 Zitrone
150 g einfaches Mehl
1 TL extra feiner Zucker
1 kg Äpfel, geschält und entkernt

Für die Crumble-Mischung:

200 g ungesalzene Butter (gewürfelt)
1 TL Zimt
1 TL Muskat
200 g brauner Zucker
200 g Vollkornmehl

ZUBEREITUNG

▸ *Zubereitung des Teigs:* Mehl, Salz und Butter in die Rührschüssel geben. Den K-Haken anbringen und bei geringer Geschwindigkeit verrühren, bis der Teig krümelig ist.

▸ Dann während des Rührens langsam das Wasser hinzugeben und zu einem Teig kneten. Den Teig aus der Rührschüssel nehmen und in Klarsichtfolie einwickeln. Im Kühlschrank 30 Minuten kühlen.

▸ Den Teig aus dem Kühlschrank nehmen und auf einer gemehlten Arbeitsfläche ausrollen. Die vier kleinen Auflaufformen mit dem Teig auslegen und im Kühlschrank 30 Minuten ruhen lassen.

▸ *Zubereitung der Füllung:* Zimt, Muskat sowie die Schale und den Saft der Zitrone, das einfache Mehl und den extrafeinen Zucker in die Rührschüssel geben. Den K-Haken anbringen und bei mittlerer Geschwindigkeit alles gut vermischen. Aus der Rührschüssel nehmen und zur Seite stellen.

▸ *Zubereitung der Crumble-Mischung:* Butter, Zimt, Muskat, Zucker und Vollkornmehl in die Rührschüssel geben. Den K-Haken anbringen und bei mittlerer Geschwindigkeit alles gut vermischen. Aus der Rührschüssel nehmen und zur Seite stellen.

▸ *Zubereitung des Crumbles:* Die Auflaufformen aus dem Kühlschrank nehmen, die Äpfel in Schnitze schneiden und auf die Auflaufformen verteilen. Die zur Seite gestellte Füllung hinzugeben und dann mit der Crumble-Mischung bestreuen.

▸ **Im Ofen 35 bis 40 Minuten** goldbraun backen. Mit etwas Sahne servieren.

KENWOOD
Original-Rezept

SCHOKOLADEN-TARTE MIT VANILLESAHNE

PORTIONEN	6-8
VORBEREITUNG	30 Min.
ZUBEREITUNG	40 Min. plus Zeit zum Abkühlen
TEMPERATUR	200 °C/Gas 6
SCHWIERIGKEITSGRAD	◔
WERKZEUGE	Tarte-Backform (Ø 20 cm) Backbohnen
ZUBEHÖR	

ZUTATEN

Für den Boden:

250 g einfaches Mehl
125 g ungesalzene Butter
125 g Zucker
1 Ei

Für die Füllung:

100 ml Milch
300 ml Doppelsahne
200 g dunkle Schokolade
50 g weiße Schokolade
2 Eier
1 Eiweiß

Für die Vanillesahne:

250 ml Doppelsahne
1 EL Vanilleextrakt
Puderzucker zum Bestäuben

ZUBEREITUNG

▷ Den Backofen auf 200 °C vorheizen. Die Tarte-Form mit 20 cm Durchmesser einfetten.

▷ *Zubereitung des Bodens:* Den K-Haken anbringen. Mehl, Butter, Zucker und das Ei in die Rührschüssel geben. Bei mittlerer Geschwindigkeit verkneten. Den Teig aus der Rührschüssel nehmen, leicht ausrollen, mit Klarsichtfolie abdecken und eine halbe Stunden im Kühlschrank kalt stellen.

▷ Den Teig aus dem Kühlschrank nehmen. 5 mm dick ausrollen. Die Tarte-Backform mit dem ausgerollten Teig auslegen, mit Backpapier abdecken und Backbohnen oder Reis auf das Backpapier legen. Im Ofen 10 Minuten backen. Die Hitze auf 180 °C reduzieren, die Backbohnen entfernen. Weitere 10 Minuten backen. Aus dem Ofen nehmen und abkühlen lassen.

▷ *Zubereitung der Füllung:* Milch und Sahne in einem Topf erhitzen und in der Rührschüssel über die dunkle und weiße Schokolade gießen, um sie zu schmelzen.

▷ Den Ballonschneebesen anbringen. Die Eier und das Eiweiß hinzugeben und bei mittlerer Geschwindigkeit mit der geschmolzenen Schokolade gut verrühren.

▷ Die Mischung über den Tarte-Kuchenboden geben und **im Ofen 35 Minuten backen,** bis die Füllung fest, aber noch etwas weich ist. Abkühlen lassen und mit Puderzucker bestäuben.

▷ *Zubereitung der Vanillesahne:* Sahne und Vanille halbfest schlagen. Mit der Schokoladen-Tarte servieren.

JOGHURT-HOLUNDERBLÜTEN-GUGELHUPF MIT KARDAMOM

DIESER KUCHEN HAT EINEN KÖSTLICHEN FEUCHTEN TEIG. GENIESSEN SIE DIESEN AN EINEM SOMMERLICHEN NACHMITTAG MIT EINER TASSE EARL GREY.

PORTIONEN	6-8
VORBEREITUNG	15 Min.
ZUBEREITUNG	45 Min.
TEMPERATUR	180 °C/Gas 4
SCHWIERIGKEITSGRAD	●
WERKZEUGE	Gugelhupfform
ZUBEHÖR	

ZUTATEN

125 g ungesalzene Butter, weich
250 g extrafeiner Zucker
1 EL gemahlener Kardamom
1 TL Vanilleextrakt
1 Ei
2 EL Holunderblütensirup
250 g mit Backpulver gemischtes Mehl
1 TL Backpulver
250 ml Naturjoghurt

ZUBEREITUNG

▶ Den Backofen auf 180 °C vorheizen und eine Gugelhupfform einfetten.

▶ Butter, Zucker, Kardamom und Vanille in die Rührschüssel geben, den K-Haken anbringen und bei mittlerer Geschwindigkeit locker und cremig schlagen. Langsam das Ei und den Holunderblütensirup hinzugeben und glatt mixen.

▶ Den K-Haken entfernen und das Flexi-Rührelement anbringen. Das Mehl (mit Backpulver) bei geringer Geschwindigkeit unterheben und den Naturjoghurt esslöffelweise hinzugeben.

▶ Die Kuchenmischung in die Backform geben und **35 Minuten backen.** Der Kuchen ist fertig, wenn Sie mit einem Messer hineinstechen und beim Herausziehen keine Teigreste kleben bleiben.

ZITRONEN-POLENTA-KUCHEN

DIESER GANZ EINFACHE KUCHEN IST IN WENIGEN MINUTEN ZUBEREITET. ZUSAMMEN MIT EINEM GLAS GEKÜHLTEM LIMONCELLO FÜHLEN SIE SICH WIE IM ITALIENURLAUB.

PORTIONEN	8
VORBEREITUNG	10 Min.
ZUBEREITUNG	45 Min.
TEMPERATUR	160 °C/Gas 3
SCHWIERIGKEITSGRAD	●
WERKZEUGE	Springform/Kuchenform (Ø 25 cm)
ZUBEHÖR	

ZUTATEN

250 g Butter
250 ml extrafeiner Zucker
3 Eier
150 g Polenta
175 g gemahlene Mandeln
Schale und Saft von 2 Zitronen
1 TL Backpulver
Eine Prise Salz

ZUBEREITUNG

▸ Den Ofen auf 160 °C vorheizen. Eine Spring- oder Kuchenform mit einem Durchmesser von 25 cm einfetten und mit Backpapier auslegen.

▸ Den K-Haken anbringen. Butter und Zucker in die Rührschüssel geben und bei mittlerer Geschwindigkeit cremig schlagen.

▸ Die restlichen Zutaten hinzugeben und zu einem glatten Teig schlagen.

▸ Die Mischung in die Kuchenform geben.

▸ **Im Ofen 45 Minuten goldbraun backen.** Wenn der Kuchen zu stark bräunt, mit etwas Folie abdecken.

▸ Aus dem Ofen nehmen und etwas abkühlen lassen. Mit Puderzucker bestäuben und servieren.

ZITRONEN-LIMETTEN-KUCHEN

PORTIONEN	8
VORBEREITUNG	25 Min.
ZUBEREITUNG	35 Min. plus Zeit zum Abkühlen
TEMPERATUR	190 °C/Gas 5
SCHWIERIGKEITSGRAD	◗
WERKZEUGE	Springform/Kuchenform (Ø 19 cm)
ZUBEHÖR	

ZUTATEN

Für den Boden:

15 Vollkornkekse
90 g zerlassene Butter, ungesalzen
Schale von 1 Limette

Für die Füllung:

4 Eigelb
400 g Kondensmilch (aus der Dose)
Schale und Saft von 2 Zitronen
Schale und Saft von 3 Limetten
Etwas Schale zum Dekorieren zur Seite legen

Für das Schaumgebäck:

3 Eiweiß
150 g extrafeiner Zucker

ZUBEREITUNG

▸ Den Ofen auf 190 °C vorheizen. Eine Spring- oder Kuchenform mit einem Durchmesser von 19 cm einfetten.

▸ *Für den Boden:* Die Kekse in die Rührschüssel geben, den K-Haken anbringen und bei hoher Geschwindigkeit zu feinen Krümeln schlagen.

▸ Die zerlassene Butter und die Zitronenschale hinzugeben und gut verrühren. Die Mischung in die Kuchenform pressen und im Ofen 10 Minuten backen. Aus dem Ofen nehmen und leicht abkühlen lassen.

▸ *Für die Füllung:* Den K-Haken entfernen und den Ballonschneebesen anbringen. Die Eigelb in die Rührschüssel geben und bei mittlerer Geschwindigkeit 1 Minute schlagen.

Die Geschwindigkeit reduzieren und Milch, Schale und Saft hinzugeben und bei geringer Geschwindigkeit eine weitere Minute schlagen. Die Mischung auf den Keksboden geben und zur Seite stellen.

▸ Die Rührschüssel reinigen. Die Eiweiß steif schlagen. Den Zucker esslöffelweise hinzugeben und glänzend und steif schlagen. Die Masse auf den Kuchen geben.

▸ **Im Ofen 20 bis 25 Minuten** fest und leicht goldbraun backen.

▸ Den Kuchen mit Zitronenschale dekorieren und im Kühlschrank etwa 4 Stunden kalt stellen.

MAKRONEN

MAKRONEN SIND LEICHTE KÖSTLICHKEITEN,
DIE FARBE AUF DEN TELLER BRINGEN.
SIE KÖNNEN UNTERSCHIEDLICHE
LEBENSMITTELFARBEN VERWENDEN UND
DIE MAKRONEN NACH BELIEBEN FÜLLEN.
PROBIEREN SIE DOCH MAL BRAUNE MAKRONEN
MIT SCHOKOLADEN-BUTTERCREME ALS FÜLLUNG
ODER SAHNE MIT PFEFFERMINZGESCHMACK IN
GRÜNEN MAKRONEN.

PORTIONEN	8
VORBEREITUNG	10 Min.
ZUBEREITUNG	20 Min.
TEMPERATUR	160 °C/Gas 3
SCHWIERIGKEITSGRAD	❷❷
WERKZEUGE	Spritzbeutel, Backblech
ZUBEHÖR	

ZUTATEN

4 Eiweiß

75 g extrafeiner Zucker

1 TL Lebensmittelfarbe Rosa

125 g gemahlene Mandeln

225 g Puderzucker

Eine Prise Salz

12 EL Himbeermarmelade

100 ml Sahne

ZUBEREITUNG

▶ Den Backofen auf 160 °C vorheizen und ein Backblech mit Backpapier auslegen.

▶ Den Ballonschneebesen anbringen. Eiweiß, extrafeinen Zucker und die Lebensmittelfarbe in die Rührschüssel geben. Die Mischung bei hoher Geschwindigkeit steif schlagen.

▶ Den Ballonschneebesen entfernen und das Flexi-Rührelement anbringen. Gemahlene Mandeln, Puderzucker und Salz bei geringer Geschwindigkeit vorsichtig unterheben. Die Masse glatt und sirupartig rühren und in den Spritzbeutel füllen.

▶ Mit dem Spritzbeutel kleine Kreise (Durchmesser 3 cm) der Masse auf das Backblech spritzen. Zwischen den einzelnen Kreisen mehrere Zentimeter Abstand lassen.

Das Backblech etwas auf die Arbeitsfläche aufschlagen damit die Oberfläche glatt bleibt. **Im Ofen 20 Minuten backen,** bis die Makronen nicht mehr am Backpapier kleben.

▶ Abkühlen lassen.

▶ Die Sahne in die Rührschüssel geben und den Ballonschneebesen anbringen. Die Sahne halbfest schlagen. Den Ballonschneebesen entfernen und das Flexi-Rührelement anbringen. Die Marmelade hinzugeben und gut verrühren.

▶ Die Marmeladenmischung auf die Hälfte der Makronen geben und die restlichen Makronen darauf setzen. Servieren.

ROTER SAMTKUCHEN

PORTIONEN	6-8
VORBEREITUNG	25 Min. plus 30 Min. Zeit zum Abkühlen
ZUBEREITUNG	60 Min.
TEMPERATUR	180 °C/Gas 4
SCHWIERIGKEITSGRAD	● ●
WERKZEUGE	2 runde Kuchenformen (Ø 15 cm)
ZUBEHÖR	

ZUTATEN

Für den Kuchen:

225 g Butter

550 g Zucker

2 Eier

400 g mit Backpulver gemischtes Mehl

2 TL Backpulver

225 ml Buttermilch

60 ml Lebensmittelfarbe Rot

1 EL Mandelextrakt

Für die Buttercreme:

125 g weiche Butter

125 g Frischkäse

1 EL Vanilleextrakt

450 g Puderzucker

50 g Mandeln zum Dekorieren

ZUBEREITUNG

▸ Den Ofen auf 180 °C vorheizen. Zwei Kuchenformen mit einem Durchmesser von 15 cm einfetten und mit Backpapier auslegen.

▸ Das Flexi-Rührelement anbringen. Butter und Zucker in die Rührschüssel geben und zu einer hellen, luftigen Masse schlagen. Nach und nach die Eier hinzugeben und bei mittlerer Geschwindigkeit unter die Masse rühren.

▸ Das Flexi-Rührelement entfernen und den K-Haken anbringen. Mehl und nach und nach das Backpulver hinzugeben und zwischendurch immer wieder verrühren.

▸ Buttermilch, rote Lebensmittelfarbe und Mandelextrakt hinzugeben und bei mittlerer Geschwindigkeit zu einem glatten, roten Teig schlagen.

▸ Den Teig in die Kuchenformen geben und **50 bis 60 Minuten backen.** Die Kuchen sind fertig, wenn Sie mit einem Messer in die Kuchen stechen und beim Herausziehen keine Teigreste kleben bleiben.

Aus dem Ofen nehmen und in der Kuchenform 10 Minuten abkühlen lassen, bevor die Kuchen zum Abkühlen aus der Form auf einen Backrost gestürzt werden.

▸ Währenddessen den Zuckerguss mit Buttercreme vorbereiten: Das Flexi-Rührelement anbringen. Butter, Frischkäse und Vanilleextrakt in die Rührschüssel geben. Bei mittlerer Geschwindigkeit glatt schlagen. Puderzucker langsam hinzugeben und die Masse zu einem cremigen Zuckerguss schlagen. 30 Minuten ruhen lassen.

▸ Eine Kuchenhälfte auf einen Teller stellen und oben und seitlich mit dem Zuckerguss bestreichen. Die andere Kuchenhälfte auf dem Kuchen platzieren und erneut oben und seitlich mit Zuckerguss bestreichen. Den Zuckerguss glätten und mit Mandeln verzieren.

GETRÄNKE UND SUPPEN

IN DIESEM KAPITEL KOMMT DER MIXAUFSATZ ZUM EINSATZ, MIT DEM SICH GETRÄNKE, SUPPEN, MILCHSHAKES, SMOOTHIES, COCKTAILS UND SAUCES ZUBEREITEN LASSEN UND EIS ZERKLEINERT WERDEN KANN.

Es sind eine Reihe von Mixern erhältlich: aus hitzebeständigem Glas oder aus Edelstahl. Egal, was Sie vorhaben, wir haben den passenden Mixer für Sie. Sie sind wirklich einfach zu bedienen und sind ideal für superfrische Köstlichkeiten.

Die Einsatzbereiche eines Mixers reichen von frischen Cocktails über eine wärmende, herzhafte Suppe bis hin zu gesunden Smoothies für einen aktiven Start in den Tag. Lassen Sie sich von diesen einfachen Rezepten inspirieren und probieren Sie verschiedene Kombinationen aus.

FROZEN MARGARITA

PORTIONEN   4

VORBEREITUNG 5 Min.

SCHWIERIGKEITSGRAD

ZUBEHÖR

ZUTATEN

140 ml Tequila
60 ml Triple Sec (Orangenlikör)
Saft von 2 Limetten
20 Eiswürfel
Puderzucker
Salz

ZUBEREITUNG

▸ Tequila, Triple Sec und Limettensaft in den Mixaufsatz geben. Zum Mixen kurz auf die Impulstaste drücken.

▸ Eiswürfel hinzugeben und bei hoher Geschwindigkeit mixen, bis das Eis zerkleinert ist.

▸ Auf Martini-Gläser verteilen, deren Rand vorher in Zucker und Salz getaucht wurde. Servieren.

PISCO SOUR

PORTIONEN   4

VORBEREITUNG 4 Min.

SCHWIERIGKEITSGRAD

ZUBEHÖR

ZUTATEN

2 Eiweiß
50 g Puderzucker
Saft von 2 Limetten
200 ml Pisco (Traubenschnaps) oder weißer Tequila

ZUBEREITUNG

▸ Den Mixaufsatz anbringen. Eiweiß und Zucker bei hoher Geschwindigkeit mixen.

▸ Beim Schlagen Limettensaft und Pisco durch die Einfüllöffnung hinzugeben.

▸ Etwas Eis hinzugeben und gut umrühren.

▸ Auf 4 hohe Gläser verteilen und servieren.

ALKOHOLFREIER JULEP MIT APFEL UND ORANGE

PORTIONEN   4

VORBEREITUNG 5 Min.

ZUBEREITUNG   5 Min.

SCHWIERIGKEITSGRAD

ZUBEHÖR

ZUTATEN

1 Minzzweig, einige Blätter zum Garnieren
1 Orange, geschält und geviertelt, Schale zum Garnieren
100 g extrafeiner Zucker
200 ml Wasser
500 ml Apfelsaft
Eiswürfel

ZUBEREITUNG

▸ Den Mixaufsatz anbringen. Minze, Orange und Zucker bei mittlerer Geschwindigkeit mixen. Die Mischung in einen Topf mit dem Wasser geben. Zum Kochen bringen und anschließend **5 Minuten köcheln lassen.** Durch ein Sieb streichen und zur Seite stellen.

▸ Vier Gläser mit Eis füllen, mit Apfelsaft auffüllen und den Minz- und Orangensirup darauf geben. Mit Minzblättern und Orangenschale garnieren.

LIMONADE

PORTIONEN   6

VORBEREITUNG 5 Min.

SCHWIERIGKEITSGRAD ●

ZUBEHÖR

ZUTATEN

800 ml kaltes Wasser
3 EL Zucker
6 Eiswürfel
1 Zitrone

ZUBEREITUNG

▶ Den Mixaufsatz anbringen. Wasser, Zucker, Eiswürfel und die Zitrone hinzugeben.

▶ Bei hoher Geschwindigkeit 1 Minute mixen.

▶ Die Limonade durch ein Sieb in einen Krug streichen und servieren.

EISGEKÜHLTER ERDBEER-HIMBEER-DRINK

PORTIONEN   4

VORBEREITUNG 10 Min.

SCHWIERIGKEITSGRAD ●

ZUBEHÖR

ZUTATEN

20 Eiswürfel
500 g Erdbeeren
500 g Himbeeren
100 ml heißes Wasser
50 g extrafeiner Zucker
Einige Minzzweige

ZUBEREITUNG

▶ Jeweils 6 Eiswürfel mit wenig heißem Wasser in den Mixaufsatz geben und leicht schmelzen lassen.

▶ Die Früchte und den Zucker hinzugeben und bei hoher Geschwindigkeit mixen.

▶ Auf mehrere Gläser verteilen und mit den Minzblättern garnieren. Servieren.

SMOOTHIE „TROPICAL"

PORTIONEN   4

VORBEREITUNG 5 Min.

SCHWIERIGKEITSGRAD ●

ZUBEHÖR

ZUTATEN

1 Ananas
1 Mango
1 Banane
1 Maracuja
1 Kiwi
1 Melone
500 ml Naturjoghurt

ZUBEREITUNG

▶ Die Früchte schälen und in Stücke schneiden. Den Mixaufsatz anbringen und alle Zutaten glatt mixen.

▶ Auf vier Gläser verteilen und servieren.

FRANZÖSISCHE ZWIEBELSUPPE

PORTIONEN	4
VORBEREITUNG	20 Min.
ZUBEREITUNG	60 Min.
SCHWIERIGKEITSGRAD	❷ ❷
ZUBEHÖR	

ZUTATEN

8 weiße Zwiebeln, geschält
2 EL Butter
Olivenöl
2 Thymianzweige
2 EL Mehl
1,5 Liter Rinderbrühe
Salz und Pfeffer zum Abschmecken
4 Scheiben Baguette
60 g Greyerzer-Käse, gerieben

ZUBEREITUNG

▷ Die Zwiebeln in dünne Ringe schneiden. Butter und Öl in einem schweren Topf erhitzen. Die Zwiebeln mit den Thymianzweigen in den Topf geben, würzen und gut umrühren. Die Hitze reduzieren. **40 Minuten dünsten** und regelmäßig umrühren, bis die Zwiebeln karamellisiert, süß und dunkelbraun sind.

▷ Eine höhere Hitze einstellen.

▷ Das Mehl in den Topf geben, gut umrühren und eine weitere Minute dünsten.

▷ Die Brühe einrühren, **zum Kochen bringen und anschließend 5 Minuten köcheln lassen.** Den Mixaufsatz anbringen. Die Hälfte der Suppe mixen und zurück in den Topf geben. Gut abschmecken und warm halten.

▷ Eine Seite der Baguettescheiben toasten, den Käse auf die andere Baguetteseite legen und mit etwas Salz und Pfeffer unter dem Grill schmelzen lassen.

▷ Die Suppe in Suppenschüsseln mit dem Brot darauf servieren.

ERBSENSUPPE MIT FLEISCH

PORTIONEN	4-6
VORBEREITUNG	15 Min.
ZUBEREITUNG	90 Min.
SCHWIERIGKEITSGRAD	
ZUBEHÖR	

ZUTATEN

2 Schweinehachsen

2 Karotten

1 Zwiebel

1 Lorbeerblatt

1 Thymianzweig

1 Rosmarinzweig

1 Kartoffel (mehlig)

1 Liter Wasser

500 g feine Erbsen

Salz und Pfeffer zum Abschmecken

1 Selleriestange, Blätter zur Seite legen

ZUBEREITUNG

▶ Alle Zutaten (außer die Erbsen) in einen großen Topf geben. Zum Kochen bringen, die Hitze reduzieren und **80 Minuten köcheln lassen.** Regelmäßig den Schaum abschöpfen, bis die Schweinehachsen gar sind und das Fleisch zart ist. Die Hachsen aus dem Topf nehmen, das Fleisch ausbrechen, mit einer Gabel in Stücke reißen und zur Seite stellen.

▶ Die Erbsen zur Suppe geben. Den Mixaufsatz anbringen und die Suppe hinzugeben und bei mittlerer Geschwindigkeit mixen. Die Suppe wieder in den Topf geben. Das Fleisch hinzufügen und bei geringer Hitze 10 Minuten erwärmen.

▶ Abschmecken und mit gehackten Sellerieblättern servieren.

GARNELEN- UND KRABBEN-BISQUE

PORTIONEN	6
VORBEREITUNG	25 Min.
ZUBEREITUNG	60 Min.
SCHWIERIGKEITSGRAD	❸❸❸
ZUBEHÖR	

ZUTATEN

2 Zwiebeln
½ Knoblauchzehe
5 Karotten
½ Bund Selleriestangen
Olivenöl
2 ganze Chilischoten
2 EL Kurkuma
2 EL gemahlener Kreuzkümmel
2 EL Paprikapulver
1½ EL gemahlener Koriander
1 EL Cayennepfeffer
2 EL gemahlener Ingwer
Eine gute Prise Safran
225 g Krabbenfleisch
Ca. 20 Garnelen mit Kopf und Schale
½ Glas Weißwein
10 ml Brandy
½ Tube Tomatenpüree
2 Dosen gestückelte Tomaten
Eine Handvoll Reis
Ein halber Liter Wasser
Salz
6 EL Crème fraîche
4 EL Dillzweige

ZUBEREITUNG

▶ Zwiebeln, Knoblauch, Karotten, Sellerie und Chilischoten klein schneiden.

▶ Etwas Olivenöl in einen sehr großen Topf geben und das Gemüse dünsten. Währenddessen die Gewürze und Safran in einer Schüssel mischen.

▶ Die Garnelen in ein Geschirrtuch wickeln und mit einem Nudelholz darauf schlagen, um die Schale zu entfernen und um kleinere Stücke zu erhalten. Die Garnelen und die Krabben in eine Pfanne geben. Die Hitze hoher stellen und alles 5 Minuten lang umrühren.

▶ Mit dem Weißwein ablöschen und die Flüssigkeit eindicken lassen. Wenn nicht mehr viel Flüssigkeit übrig ist, den Brandy hinzufügen und mit einem Streichholz entzünden. Den Alkohol verdunsten lassen. Die Gewürze und das Tomatenpüree hinzugeben. Gut umrühren.

▶ Die gestückelten Tomaten hinzugeben, gut vermischen und zum Kochen bringen. Reis und Wasser hinzugeben und gut mit Salz abschmecken. 5 Minuten kochen lassen, dann abdecken und die Hitze reduzieren. **40 Minuten leicht köcheln lassen.**

▶ Den Mixaufsatz anbringen und alles in mehreren Schritten bei hoher Geschwindigkeit mixen bis die Suppe fein püriert ist. Danach mit einem Sieb passieren, um Schalenreste zu entfernen.

▶ Auf Schüsseln verteilen und mit einem Schlag Crème fraîche und gehacktem Dill servieren.

WEISSES GAZPACHO

PORTIONEN 4-6

VORBEREITUNG 15 Min.

ZUBEREITUNG 10 Min.

SCHWIERIGKEITSGRAD ● ●

ZUBEHÖR

ZUTATEN

5 Scheiben altes Weißbrot ohne Kruste

100 ml Sherryessig

500 ml heiße Hühner- oder Gemüsebrühe

2 Salatgurken

200 g kernlose helle Weintrauben

200 g blanchierte, geschälte Mandeln

2 Knoblauchzehen

Salz und Pfeffer zum Abschmecken

100 ml Olivenöl

ZUBEREITUNG

▶ Brot und Essig mit der Brühe zum Einweichen in eine Schüssel geben.

▶ Den Mixaufsatz anbringen. Die restlichen Zutaten (außer Olivenöl) in den Mixaufsatz geben. Bei hoher Geschwindigkeit gut mixen und das Brot und die Brühe langsam hinzugeben.

▶ Das Olivenöl beim Mixen bei geringer Geschwindigkeit langsam hinzugeben, bis eine glatte, cremige Flüssigkeit entstanden ist. Abschmecken.

▶ Im Kühlschrank abkühlen lassen. Kalt mit knusprigem Brot und einem Glas trockenen Sherry servieren.

WÜRZIGE KÜRBISSUPPE

PORTIONEN   4

VORBEREITUNG 10 Min.

ZUBEREITUNG   25 Min.

SCHWIERIGKEITSGRAD ⊖

ZUBEHÖR

ZUTATEN

1 EL gemahlener Koriander

1 EL gemahlene Kurkuma

1 EL gemahlene Kreuzkümmelsamen

1 Knoblauchzehe

1 mittelgroßer Butternusskürbis, geschält
und in lange, schmale Stücke geschnitten

3 rote Chilischoten, gehackt, entkernt

2 EL Olivenöl

Salz und Pfeffer zum Abschmecken

750 ml Hühner- oder Gemüsebrühe

ZUBEREITUNG

▹ Den Butternusskürbis zerkleinern und die Chilischoten und den Knoblauch hacken.

▹ Etwas Öl in einer großen Bratpfanne bei mittlerer Hitze erhitzen und den Kürbis, die Chilischoten und den Knoblauch hinzugeben. Mit etwas Salz und Pfeffer abschmecken und die gemahlenen Gewürze hinzugeben.

▹ Alles dünsten lassen, bis der Kürbis weich und an den Rändern glasig ist.

▹ Die Hühnerbrühe in den Topf geben. Zum Kochen bringen, dann die Hitze reduzieren und **5 Minuten köcheln lassen.**

▹ Einige Minuten abkühlen lassen. Den Mixaufsatz anbringen und bei hoher Geschwindigkeit mixen.

▹ Abschmecken und mit etwas Olivenöl und den gemahlenen Gewürzen servieren.

BORSCHTSCH

PORTIONEN	4
VORBEREITUNG	10 Min.
ZUBEREITUNG	60 Min.
SCHWIERIGKEITSGRAD	●●
ZUBEHÖR	

ZUTATEN

8 Frühlingszwiebeln
4 Gewürzgurken
4 rote Beete, gekocht und geschält
400 g Kartoffeln
1 Zwiebel
250 g gewürfelte Rinderhachse
1 Liter Rinder- oder Hühnerbrühe
2 Bund Dill
200 ml Sauerrahm
Salz und Pfeffer zum Abschmecken

ZUBEREITUNG

▸ Frühlingszwiebeln, Gewürzgurken, rote Beete, Kartoffeln und Zwiebeln zerkleinern.

▸ Etwas Öl in einem großen Kochtopf erhitzen. Das Rindfleisch würzen und anbraten. Das zerkleinerte Gemüse und die Gemüsebrühe hinzugeben und zum Kochen bringen. Die Hitze reduzieren, **abdecken und 1 Stunde köcheln lassen.**

▸ Den Mixaufsatz anbringen und schrittweise bei hoher Geschwindigkeit mixen. Dabei möglichst viel Fleisch zerkleinern. Abschmecken.

▸ Den Dill hacken. Die Suppe auf 4 Schüsseln verteilen.

▸ Mit einem Esslöffel Sauerrahm, mit Zwiebeln, Gewürzgurken und Dill garnieren. Mit Roggenbrot servieren.

FESTLICHE REZEPTE

KÖSTLICHE MENÜS WIE MAN SIE AUS DEM RESTAURANT KENNT, SIND MIT EINER KÜCHENMASCHINE VON KENWOOD SCHNELL UND EINFACH ZUBEREITET UND BEEINDRUCKEN SICHERLICH JEDEN IHRER GÄSTE.

Im Handumdrehen große Mengen an Gemüse, ohne viel Aufwand, in gleich große Stücke feinhacken oder raspeln und gleichzeitig heiße Pürees oder perfekt passierte Suppen und Saucen zubereiten - Ihre Gäste werden beeindruckt sein.

Einige dieser Rezepte sehen auf den ersten Blick kompliziert aus, aber mit den richtigen Zutaten, ein wenig Übung und mithilfe vieler praktischen Funktionen und Zubehörteile der Kenwood Küchenmaschine sind Menüs in Restaurantqualität im Nu zubereitet.

HUMMER MIT PROSECCO-RISOTTO

PORTIONEN	4
VORBEREITUNG	30 Min. plus
ZUBEREITUNG	5 Min.
SCHWIERIGKEITSGRAD	⚫ ⚫
WERKZEUGE	Kochtöpfe, 4 Suppenschüsseln
ZUBEHÖR	

ZUTATEN

1 ganzer Hummer (800 g)

200 ml Doppelsahne

Eine Prise Salz

800 ml Fischfond

1 Zwiebel

Olivenöl

200 g Risotto-Reis
(vorzugsweise Carnaroli)

175 ml Prosecco

50 g Butter, gekühlt und gewürfelt

2 EL Petersilie, gehackt

ZUBEREITUNG

▶ Einen großen Topf mit gesalzenem Wasser zum Kochen bringen und **den Hummer 12 Minuten kochen.** Den Hummer aus dem Topf nehmen und unter kaltem Wasser schnell abschrecken.

▶ Das Hummerfleisch aus den Scheren und dem Schwanzstück herauslösen, in kleine Stücke schneiden und zur Seite stellen.

▶ Den Mixaufsatz anbringen. Hummerschale, Sahne und etwas Salz hinzugeben. Auf die Impulstaste drücken und sehr fein mixen.

▶ Die Hummer-Sahne-Mischung durch ein Sieb streichen, um eventuelle Schalenreste aufzufangen. Die Mischung zur Seite stellen.

▶ Den Fischfond in einem Kochtopf erhitzen und leicht köcheln lassen.

▶ Den Mixaufsatz entfernen und den Multi-Zerkleinerer mit der Schneidscheibe anbringen. Die Zwiebel bei mittlerer Geschwindigkeit fein hacken und zur Seite stellen.

▶ Etwas Olivenöl in einem großen, tiefen Topf erhitzen und den Risotto-Reis und die gehackte Zwiebel hinzugeben. **Einige Minuten** unter ständigem Rühren dünsten, bis alle Risotto-Reiskörner angeröstet sind.

▶ Den Prosecco hinzugeben und die Flüssigkeit reduzieren, bis nur noch wenig übrig ist. Schöpflöffelweise den Fischfond hinzugeben und gut verrühren, bis die Brühe aufgesogen ist. Den Vorgang wiederholen bis der Fischfond aufgebraucht und der Reis bissfest (al dente) ist. Abschmecken und bei Bedarf nachwürzen.

▶ Butter und die gehackte Petersilie hinzugeben und gut umrühren. Das Hummerfleisch vorsichtig unterrühren, **abdecken und 5 Minuten ruhen lassen.**

▶ Währenddessen die Hummersahne in einem Kochtopf erhitzen, auf 4 Schüsseln verteilen und das Risotto hinzugeben.

▶ Mit einem Glas Prosecco servieren.

TIPP DES KÜCHENCHEFS

....

Damit sich das Schwanzstück des Hummers nicht krümmt, können Sie einen Holzspieß der Länge nach durch das Fleisch stecken.

....

SÜSSER GEPÖKELTER HERING MIT EINGELEGTEN RADIESCHEN UND PILZEN

PORTIONEN	4
VORBEREITUNG	20 Min. plus Zeit zum Pökeln (8 Std. über Nacht)
SCHWIERIGKEITSGRAD	● ●
WERKZEUGE	Große Schüssel
ZUBEHÖR	

ZUTATEN

1 Karotte
2 EL extrafeiner Zucker
Gehackter Dill
4 Heringsfilets (zu je 100 g)
30 g Salz
16 Radieschen
2 Fenchelknollen
2 Frühlingszwiebeln
150 g extrafeiner Zucker
6 EL Reisweinessig
1 Glas Keta-Kaviar (Ketalachs-Eier)

ZUBEREITUNG

▸ Den Multi-Zerkleinerer mit der Schneidscheibe anbringen. Die Karotte bei geringer Geschwindigkeit zerkleinern und zur Seite stellen.

▸ Den Hering pökeln, indem die Filets mit einer Prise Salz und 2 EL extrafeinem Zucker bestreut werden. Den Fisch zusammen mit der gehackten Karotte und dem Dill in eine große Schüssel geben. Abdecken und im Kühlschrank mindestens 8 Stunden oder über Nacht ziehen lassen, damit sich das Aroma entwickeln kann.

▸ Radieschen, Fenchelknollen und Frühlingszwiebeln im Multi-Zerkleinerer bei mittlerer Geschwindigkeit zerkleinern. Die Mischung in eine Schüssel geben und mit Zucker und Reisweinessig übergiessen. Vorsichtig umrühren und eine halbe Stunde ziehen lassen.

▸ Jedes Heringsfilet abspülen, trockentupfen und in drei Stücke schneiden. Das gepökelte Gemüse auf Tellern verteilen und den Hering darauf anrichten. Auf jeden Hering einen Teelöffel Keta-Kaviar geben und mit etwas Dill garnieren.

Perfektes Zubehör

MIT DEM MULTI-ZERKLEINERER
SCHNELL UND MÜHELOS
GEMÜSE ZERKLEINERN

Siehe Seite
106

THUNFISCH-CARPACCIO MIT SALSA VERDE

EINE BELIEBTE UND SEHR SCHMACKHAFTE VORSPEISE, DIE ZUDEM SEHR EINFACH ZUZUBEREITEN IST. DIE SALSA VERDE KANN AM VORTAG VORBEREITET WERDEN, SO HABEN SIE MEHR ZEIT SICH IHREN GÄSTEN ZU WIDMEN. WENN SIE DEN THUNFISCH LEICHT ANFRIEREN LASSEN, LÄSST ER SICH LEICHTER IN HAUCHDÜNNE SCHEIBEN SCHNEIDEN.

PORTIONEN	4
VORBEREITUNG	15-20 Min.
SCHWIERIGKEITSGRAD	◖
WERKZEUGE	Bratpfanne
ZUBEHÖR	

ZUTATEN

Für die Salsa Verde:

2 Bund Basilikum (klein)
1 großer Bund Koriander, mit Stiel
1 großer Bund Petersilie
1 kleiner Bund Minze
1 Knoblauchzehe, gehackt
2 EL Kapern
2 EL Dijon-Senf
Saft einer Zitrone
3 Estragonblätter
6 schwarze Oliven
50 ml Olivenöl
50 ml Rapsöl
Salz zum Abschmecken

Für das Thunfisch-Carpaccio:

4 EL schwarze Pfefferkörner
1 TL Fenchelsamen
1 TL Salz
400 g Thunfischfilet
Saft einer Zitrone
Eine Handvoll Rucola zum Garnieren

ZUBEREITUNG DER SALSA VERDE

▸ Den Mixaufsatz anbringen. Alle Zutaten (außer den Ölen) in den Mixaufsatz geben. Eine Minute bei hoher Geschwindigkeit mixen, bis alle Zutaten zerkleinert sind, jedoch noch kleine Stückchen enthalten.

▸ Die Geschwindigkeit verringern und langsam die Öle hinzugeben, bis eine dickflüssige, cremige Konsistenz erreicht ist. Mit den Gewürzen abschmecken. Die Salsa Verde kann in einem luftdicht verschlossenen Glas im Kühlschrank bis zu 5 Tagen aufbewahrt werden.

ZUBEREITUNG DES THUNFISCH-CARPACCIOS

▸ Pfefferkörner und Fenchelsamen in einer Pfanne ohne Öl leicht rösten.

▸ Die Kräuter- und Gewürzmühle anbringen. Die gerösteten Samen mit dem Salz hinzugeben und bei mittlerer Geschwindigkeit zu einem feinen Pulver zerkleinern.

▸ Die Thunfischfilets mit dem Gewürzpulver einreiben, fest in Klarsichtfolie einwickeln und eine halbe Stunde in das Gefrierfach legen.

▸ Den Thunfisch aus dem Gefrierfach nehmen und sehr dünn aufschneiden.

▸ Auf 4 Tellern verteilen. Etwas Zitronensaft darüber träufeln, mit der Salsa Verde und einigen Rucola-Blättern garnieren.

GEBRATENE JAKOBSMUSCHELN MIT CURRY-APFEL UND ZITRONENÖL

JAKOBSMUSCHELN HARMONIEREN SEHR GUT MIT SÜSSEN UND SCHARFEN AROMEN. DER LEICHT GEWÜRZTE APFEL MIT ZITRONENÖL IST DAHER EIN ECHTES GESCHMACKSERLEBNIS. DIE KNUSPRIGEN KRÄUTER PASSEN PERFEKT ZU DEN ZARTEN MEERESFRÜCHTEN.

PORTIONEN	4
VORBEREITUNG	30 Min.
ZUBEREITUNG	10 Min.
TEMPERATUR	160 °C/Gas 3
SCHWIERIGKEITSGRAD	●
WERKZEUGE	Backblech, Backpapier, Kochtopf
ZUBEHÖR	

ZUTATEN

Für das Zitronenöl:

75 ml Olivenöl

2 Stangen Zitronengras

Schale und Saft von 1 unbehandelten Zitrone

Für die Jakobsmuscheln:

2 Äpfel, entkernt

1 TL gemahlene Kurkuma

1 TL gemahlener Kreuzkümmel

1 TL gemahlener Fenchel

1 TL gemahlener Koriander

½ TL Chilipulver

1 TL frische Petersilie

1 TL frische Thymianblätter

2 Scheiben Brot vom Vortag oder im Ofen getrocknetes Brot

2 EL Butter

12 große Jakobsmuscheln

Salz und Pfeffer

ZUBEREITUNG

▸ Den Backofen auf 160 °C vorheizen und ein Backblech mit Backpapier auslegen.

▸ Die Gewürze in einer Schüssel miteinander vermengen. Die Äpfel in Scheiben schneiden und auf das Backblech legen. Die Gewürzmischung über die Äpfel streuen und **im Ofen 30 Minuten backen.**

▸ Alle Zutaten für das Zitronenöl in die Kräuter- und Gewürzmühle geben und bei hoher Geschwindigkeit mixen. Zur Seite stellen.

▸ Die Kräuter- und Gewürzmühle entfernen und den Mixaufsatz anbringen. Kräuter, Brot und eine Prise Salz hinzugeben. Alles bei hoher Geschwindigkeit zu Brotkrümeln mixen. Zur Seite stellen.

▸ Den Kochtopf erhitzen und die Butter hinzugeben. Wenn die Butter schäumt, die Jakobsmuscheln in den Topf geben. Würzen und mithilfe eines Esslöffels die Butter über die Muschlen gießen, während man diese **1 Minute anbrät.** Die Jakobsmuscheln umdrehen und **eine weitere Minute anbraten** und dabei wieder mit Butter begießen. Aus dem Kochtopf nehmen und auf Küchenpapier abtropfen lassen.

▸ Die Apfelschnitten auf 4 Teller verteilen, die Jakobsmuscheln darauf legen und mit der Zitronenöl-Mischung beträufeln. Dann die Brotkrümel darüber streuen und servieren.

TIPP DES KÜCHENCHEFS

Jakobsmuscheln werden sehr schnell gar. Legen Sie sie daher im Uhrzeigersinn in den Topf und nehmen Sie sie in derselben Reihenfolge wieder aus dem Topf. So werden diese gleichmäßig gar.

SCHALOTTEN-TARTE MIT GEGRILLTEM HALLOUMI

PORTIONEN	4
VORBEREITUNG	15 Min. plus 30 Min. Ruhezeit für den Teig
ZUBEREITUNG	45 Min.
TEMPERATUR	180 °C/Gas 4
SCHWIERIGKEITSGRAD	😊 😊
WERKZEUGE	Backblech, Backpapier, flache Pfanne
ZUBEHÖR	

ZUTATEN

Für den Teig:

150 g gekühlte, ungesalzene Butter, gewürfelt

300 g glattes Mehl

1 Ei

Eine Prise Salz

30 ml Wasser

Für die Füllung:

100 g Butter

500 g Schalotten, geschält und zerkleinert

6 EL Balsamico-Essig

100 ml Gemüsebrühe

4 EL brauner Zucker

4 Thymianzweige

1 Block Halloumi-Käse

Schale einer unbehandelten Zitrone

1 TL getrockneter Oregano

Salz und Pfeffer zum Abschmecken

ZUBEREITUNG

▸ Den Backofen auf 180°C vorheizen. Ein Backblech mit Backpapier auslegen.

▸ Butter, Mehl, Ei und Salz in die Rührschüssel geben, den K-Haken anbringen und bei mittlerer Geschwindigkeit zu einem Teig kneten.

▸ Auf einer gemehlten Arbeitsfläche den Teig zu einem kleinen Rechteck ausrollen, in Klarsichtfolie wickeln und eine halbe Stunde im Kühlschrank ruhen lassen.

▸ Die Butter in einem Topf zerlassen und die Schalotten goldbraun dünsten.

▸ Den Essig und die Brühe hinzugeben, die Schalotten umrühren und **weitere 5 Minuten bei geringer Hitze köcheln lassen.** Mit dem Zucker und den Thymianzweigen bestreuen.

▸ Den Mürbeteig aus dem Kühlschrank nehmen. Die Arbeitsfläche leicht mehlen und den Teig 1/2 cm dick ausrollen. Auf ein Backblech legen und die Schalottenmischung darüber geben. Die Ecken umschlagen und **im Ofen 45 Minuten backen.**

▸ Den Multi-Zerkleinerer mit der Schneidscheibe anbringen. Den Halloumi-Käse bei mittlerer Geschwindigkeit zerkleinern. Mit Zitronenschale, Oregano und Pfeffer bestreuen und in einer heißen, flachen Pfanne mit etwas Öl goldbraun grillen.

▸ Die Tarte aus dem Ofen nehmen, etwas abkühlen lassen und mit dem Halloumi-Käse servieren.

TIPP DES KÜCHENCHEFS

....

Statt Schalotten und Halloumi-Käse können Sie auch rote Zwiebeln und Feta-Käse verwenden.

....

KÜRBIS-AMARETTO-RAVIOLI MIT KRÄUTERBUTTER

DAS MANDELAROMA DES AMARETTO IST DAS I-TÜPFELCHEN DER KÜRBIS-RAVIOLI.

PORTIONEN	4
VORBEREITUNG	30 Min. plus 30 Min. Ruhezeit für den Pastateig
ZUBEREITUNG	40 Min.
TEMPERATUR	200°C / Gas 6
SCHWIERIGKEITSGRAD	😊 😊
WERKZEUGE	Bräter, Kochtopf
ZUBEHÖR	

ZUTATEN

Für den Pastateig:

500 g griffiges Weißmehl

4 Eier, aufgeschlagen

2 EL Wasser (bei Bedarf)

Salz zum Abschmecken

Für die Füllung:

500 g Kürbisfleisch

1 EL Olivenöl

Salz und Pfeffer

2 Knoblauchzehen, ungeschält

15 g Amarettini

1 Ei, aufgeschlagen

Grießmehl zum Bestäuben

100 g Butter

Gehackte Kräuter: Petersilie, Rosmarin, Thymian oder andere Kräuter nach Wahl

Schale und Saft von 1 Zitrone

Salatblätter und Parmesan (nach Belieben)

ZUBEREITUNG

➤ Mehl und Salz in die Rührschüssel geben und den Teighaken anbringen. Bei langsamer Geschwindigkeit die Eier hinzugeben. Das Wasser hinzugeben, langsam die Geschwindigkeit erhöhen und zu einem Teig kneten. Wenn die Mischung zu trocken oder zu feucht ist, etwas Wasser oder Mehl hinzugeben.

➤ Den Teig aus der Schüssel nehmen und in Klarsichtfolie wickeln. Im Kühlschrank mindestens eine halbe Stunde ruhen lassen, bevor der Teig weiterverwendet wird. Teigreste lassen sich bis zu einem Monat einfrieren.

➤ Den Ofen auf 200 °C vorheizen.

➤ Das Würfelschneide-Zubehör anbringen und das Kürbisfleisch bei mittlerer Geschwindigkeit zerkleinern. Den zerkleinerten Kürbis in einen Bräter geben, einen Esslöffel Olivenöl, Salz, Pfeffer und 2 Knoblauchzehen **hinzugeben und im Ofen 25 bis 30 Minuten weich und goldbraun rösten.**

➤ Das Würfelschneide-Zubehör entfernen und den Multi-Zerkleinerer mit Arbeitsscheibe anbringen. Den gerösteten Kürbis, die Amarettini und 2 Esslöffel Olivenöl hinzugeben. Bei mittlerer Geschwindigkeit glatt mixen und in den Kühlschrank stellen.

➤ Den Multi-Zerkleinerer entfernen und die flache Pasta-Walze anbringen. Den Teig aus dem Kühlschrank nehmen und in vier Teile teilen. Jeden Teig mit den Händen in eine rechteckige Form bringen, bis der Teig dünn genug ist, dass er durch die Pasta-Walze passt. Bei der Pasta-Walze die Einstellung Nr. 1 wählen.

➤ Jeden Teig mehrmals durch die flache Pasta-Walze gleiten lassen, bis dieser durch Einstellung Nr. 8 passt.

➤ Auf jede Teigplatte nebeneinander jeweils einen Teelöffel der Kürbismischung geben. Die Teigplatte um jeden Teelöffel der Kürbismischung mit dem geschlagenen Ei einstreichen und eine weitere Teigplatte darauf legen.

➤ Die Teigplatten um jede Füllung herum zusammendrücken. Dann die Ravioli mit einem Messer oder mit einer Ausstechform ausstechen. Die Ravioli voneinander trennen und die Luft herausdrücken. Die Ravioli mit etwas Grießmehl bestäuben und zur Seite stellen.

➤ Das Ganze mit den anderen zwei Teigplatten wiederholen.

➤ Einen großen Topf mit gesalzenem Wasser zum Kochen bringen.

➤ Die Butter in einer Pfanne zerlassen, die gehackten Kräuter hinzugeben und alles sautieren, bis die Kräuter knusprig sind. Aufpassen, dass die Kräuter nicht verbrennen. Schale und Saft der Zitrone hinzugeben und vom Herd nehmen.

➤ **Die Ravioli in kochendem, gesalzenem Wasser 2 bis 3 Minuten kochen,** dann abgießen. Die Butter und die Kräutermischung über die gekochten Ravioli geben.

➤ Mit Parmesan, etwas schwarzem Pfeffer und ein paar Salatblättern servieren.

IN ROTER BEETE UND DILL GEPÖKELTER LACHS MIT GERÖSTETEM FENCHEL

PORTIONEN	4
VORBEREITUNG	3-4 Tage zum Pökeln, 30 Min.
ZUBEREITUNG	30 Min.
TEMPERATUR	180 °C/Gas 4
SCHWIERIGKEITSGRAD	😊 😊
WERKZEUGE	Backblech
ZUBEHÖR	

ZUTATEN

150 g Salz

200 g Zucker

3 Bund Dill ohne Stängel

2 EL Rotweinessig

4 Rote Beete, roh

1 Lachsfilet

4 Fenchelknollen

4 Kartoffeln

Schale und Saft von 1 unbehandelten Zitrone

Olivenöl

Salz und Pfeffer zum Abschmecken

ZUBEREITUNG DER PÖKELMISCHUNG

❯ 3 bis 4 Tage vorher die Pökelmischung vorbereiten: Die Kräuter- und Gewürzmühle anbringen und jeweils die Hälfte des Salzes, Zuckers, der Dillblätter und einen Spritzer Essig bei mittlerer Geschwindigkeit vermengen. Den Vorgang mit der anderen Hälfte der Zutaten wiederholen und die Mischung dann in einer Schüssel zur Seite stellen.

❯ Die Kräuter- und Gewürzmühle entfernen und den Multi-Zerkleinerer mit der Scheibe zum Raspeln anbringen. Die Rote Beete bei mittlerer Geschwindigkeit raspeln. Die geraspelte Rote Beete zur Salzmischung (Pökelmischung) geben.

❯ Ein Backblech mit Klarsichtfolie auslegen und etwas von der Pökelmischung darauf verteilen.

❯ Den Lachs der Breite nach halbieren und (mit der Haut nach unten) auf das Backblech legen. Den Lachs mit dem Rest der Pökelmischung bedecken. Sicherstellen, dass der Lachs vollständig mit der Mischung bedeckt ist.

❯ Die Klarsichtfolie von unten her hochschlagen, wieder etwas Pökelmischung auf den Lachs geben und in Klarsichtfolie einschlagen. Zum Beschweren ein Schneidbrett und mehrere kleine, gefüllte Dosen auf den Lachs legen. 3 bis 4 Tage im Kühlschrank ruhen lassen und austretende Flüssigkeiten regelmäßig abgießen.

ZUBEREITUNG DES LACHSES

❯ Den Ofen auf 180 °C vorheizen.

❯ Den Lachs aus dem Kühlschrank nehmen, die Haut entfernen und von der Pökelmischung befreien. Während einer halben Stunde auf Zimmertemperatur aufwärmen lassen und dann in feine Scheiben schneiden.

❯ Den Multi-Zerkleinerer mit der Scheibe zum Schneiden anbringen und den Fenchel und die Kartoffeln in Scheiben schneiden. Den Zitronensaft über die Scheiben geben und auf ein Backblech verteilen, mit dem Olivenöl beträufeln.

❯ **Im Backofen für ungefähr 30 Minuten garen** oder bis sie eine schöne Farbe bekommen. Nach der Hälfte der Garzeit wenden.

❯ Den Lachs mit gekochtem Gemüse servieren.

GESCHMORTE SCHWEINESCHULTER MIT KERBEL, ANIS UND CHILI-NUDELN

DIESES ASIATISCH INSPIRIERTE GERICHT KÖNNEN SIE IHREN GÄSTEN AUF EINER SERVIERPLATTE ANGERICHTET SERVIEREN. DURCH DAS SCHMOREN WIRD DAS FLEISCH BESONDERS ZART UND SAFTIG. EINE LECKERE BRATENKRUSTE ERHALTEN SIE, WENN SIE DIE SCHWEINESCHULTER UNTER DEM GRILL RÖSTEN.

PORTIONEN	4-6
VORBEREITUNG	25 Min. plus Zeit zum Ziehen über Nacht
ZUBEREITUNG	160 Min. plus 40 Min. Zeit zum Ruhen
TEMPERATUR	220 °C/Gas 7
SCHWIERIGKEITSGRAD	◉
WERKZEUGE	Bräter oder Backblech
ZUBEHÖR	

ZUTATEN

Für die Schweineschulter:

2 kg Schweineschulter

3 Sternanis

2 EL Fenchelsamen

4 EL getrockneter Kerbel

1 EL Chilipulver

Salz und Pfeffer

400 ml Hühnerbrühe

Für die Nudeln:

250 g Reisnudeln

2 EL süße Chilisauce

1 EL Sojasauce

2 rote Chilischoten, zerkleinert

4 Frühlingszwiebeln, zerkleinert

4 EL gehackte Korianderblätter

ZUBEREITUNG

❯ Die Schweineschulter ziselieren. Die Schweineschulter in ein tiefes Bratblech legen und mit kochendem Wasser übergießen. Dies sorgt für eine schöne Bratenkruste. Abgießen und trockentupfen.

❯ Die Kräuter- und Gewürzmühle anbringen. Sternanis und Fenchelsamen hinzugeben und bei hoher Geschwindigkeit mahlen. Kerbel und Chilipulver hinzugeben und abschmecken. Diese Mischung in das Schweinefleisch reiben. Über Nacht im Kühlschrank ruhen lassen (nicht abdecken).

❯ Den Ofen auf 220 °C vorheizen.

❯ Die Brühe erhitzen und in das Bratblech geben. Das gewürzte Schweinefleisch **im Ofen 20 Minuten braten.** Die Hitze auf 160 °C herunterschalten und **weitere 140 Minuten braten.** Aus dem Ofen nehmen und ruhen lassen.

❯ Den Grill auf mittlere Hitze vorheizen und die Schweineschulter grillen, bis die Haut knusprig ist.

❯ Zubereitung der Nudeln: Die Nudeln in eine große Schüssel geben und kochendes Wasser darüber gießen. **Abdecken und 10 Minuten quellen lassen.** Abgießen und die Chilisauce und Sojasauce unterrühren. Gut mischen und Chili und Frühlingszwiebeln darüber streuen.

❯ Das Schweinefleisch in Scheiben schneiden und auf einer Servierplatte gemeinsam mit den Nudeln anrichten. Die gehackten Korianderblätter darüber streuen und servieren.

BEIM HACKEN VON KRÄUTERN UND MAHLEN VON GEWÜRZEN MIT DER KRÄUTER- UND GEWÜRZMÜHLE BLEIBT DAS **VOLLE AROMA ERHALTEN.**

Perfektes Zubehör

Siehe Seite **108**

ENTE MIT SPARGEL, FEIGEN, ERBSENSPROSSEN UND POLENTA

OBST IST EIN IDEALER BEGLEITER ZU ENTE. DAS LEICHTE FRÜHLINGSAROMA DES SPARGELS UND DER ERBSENSPROSSEN MACHEN DIESES GERICHT ZU ETWAS BESONDEREM. DIE CREMIGE, LEICHT KNUSPRIGE POLENTA LÄSST IHREN GÄSTEN DAS WASSER IM MUND ZUSAMMENLAUFEN.

PORTIONEN	4
VORBEREITUNG	25 Min.
ZUBEREITUNG	10-15 Min.
TEMPERATUR	180 °C/Gas 4
SCHWIERIGKEITSGRAD	❷ ❷
WERKZEUGE	Flache Pfanne, ofenfeste Form, Kochtopf
ZUBEHÖR	

ZUTATEN

2 rote Zwiebeln
4 Entenbrüste
250 g Butter
200 g Polenta
600 ml Gemüsebrühe
100 ml Weißwein
100 g Erbsen
16 Spargelstangen
8 EL Sahne
50 ml Wasser
4 Feigen
150 g Erbsensprossen
Olivenöl
Salz und Pfeffer

ZUBEREITUNG

▶ Den Backofen auf 180 °C vorheizen.

▶ Den Multi-Zerkleinerer mit der Schneidscheibe anbringen. Die roten Zwiebeln bei mittlerer Geschwindigkeit zerkleinern und zur Seite stellen.

▶ Die Ente ziselieren. Die flache Pfanne erhitzen und die Entenbrust mit der Haut nach unten in die Pfanne legen und **5 bis 7 Minuten goldbraun braten.** Nach der Hälfte der Zeit die Entenbrust umdrehen und würzen.

▶ Das Fleisch aus der Pfanne nehmen und in eine ofenfeste Form geben. Die Pfanne mit dem Entenfett aufbewahren.

▶ **Im Ofen 5 Minuten braten,** dann aus dem Ofen nehmen, abdecken und weitere 5 Minuten ruhen lassen.

▶ Etwas Butter in einem Kochtopf zerlassen und die Polenta hinzugeben. Umrühren und dann die Gemüsebrühe hinzugeben. Zum Kochen bringen und bei niedriger Temperatur köcheln lassen. Wenn die Brühe aufgesogen wurde und die Polenta weich ist, die restliche Butter unterrühren. Abschmecken und zur Seite stellen.

▶ Die Pfanne mit dem Entenfett wieder erhitzen und die gehackte Zwiebel sautieren. Abschmecken und den Weißwein hinzugeben. Die Flüssigkeit zur Hälfte reduzieren lassen. Die Erbsen und den Spargel hinzugeben. **4 Minuten kochen lassen** und dann Sahne und 50 ml Wasser hinzugeben.

▶ Die Feigen vierteln und jede Entenbrust diagonal in 3 Stücke schneiden. Die Polenta auf Tellern verteilen, die Erbsen-Spargel-Mischung darüber geben und obenauf die Entenbrust anrichten.

▶ Die Feigen um die Entenbrust verteilen, mit den Erbsensprossen garnieren und mit etwas Olivenöl beträufeln.

TIPP DES KÜCHENCHEFS:

....

Außerhalb der Spargelsaison können Sie auch langstieligen Brokkoli oder Lauch verwenden.

....

RINDERSTEAK MIT GERÖSTETEM AUBERGINENPÜREE UND RUCOLA-SALAT

PORTIONEN	2
VORBEREITUNG	10 Min.
ZUBEREITUNG	45 Min.
TEMPERATUR	200 °C/Gas 6
SCHWIERIGKEITSGRAD	
WERKZEUGE	Flache Pfanne, Backblech
ZUBEHÖR	

ZUTATEN

2 Rindersteaks aus der Hochrippe, zu je 200 g, 30 Min. vorher aus dem Kühlschrank nehmen

1 Aubergine

1 EL Olivenöl

1 Knoblauchzehe

2 TL geräuchertes Paprikapulver

Salz und Pfeffer zum Abschmecken

1 Bund Rucoloasalat

1 TL Zitronensaft

ZUBEREITUNG

➤ Den Ofen auf 200 °C vorheizen und die Steaks würzen.

➤ Aubergine und Knoblauch auf ein Backblech legen und im Ofen **35 Minuten** weich rösten.

➤ Den Mixaufsatz anbringen. Olivenöl, Paprikapulver, die geröstete Aubergine und eine Prise Salz und Pfeffer anbringen. Bei mittlerer Geschwindigkeit pürieren.

➤ Eine flache Pfanne stark erhitzen und die Steaks hineingeben. Auf jeder Seite **3 bis 4 Minuten medium anbraten** und dann weitere 4 Minuten ruhen lassen.

➤ Mit dem Auberginenpüree und dem Rucola servieren. Mit etwas Olivenöl und Zitronensaft beträufeln.

Perfektes Zubehör

SCHNELLES, MÜHELOSES MIXEN FRISCHER ZUTATEN FÜR SUPPEN, SAUCEN, DIPS UND GETRÄNKE.

Siehe Seite **13**

LAMMKAREE MIT KRÄUTERKRUSTE UND GEBRATENEM GEMÜSE UND KARTOFFELPÜREE

DANK DER KRÄUTERKRUSTE WIRD DAS LAMM NICHT NUR ZUM AUGENSCHMAUS, SONDERN ERHÄLT AUCH EINEN KÖSTLICHEN GESCHMACK. MIT DEM GEMÜSE UND KARTOFFELPÜREE IST DIESES GERICHT EINFACH UND DOCH ELEGANT.

PORTIONEN	4
VORBEREITUNG	25 Min.
ZUBEREITUNG	45 Min.
TEMPERATUR	180 °C/Gas 4
SCHWIERIGKEITSGRAD	◐ ◐
WERKZEUGE	Kochtopf, Bratblech
ZUBEHÖR	

ZUTATEN

Für das Kartoffelpüree:
1 kg Kartoffeln (vorzugsweise mehlig)
200 g zerlassene Butter
150 ml Milch
175 ml Doppelsahne
Salz zum Abschmecken

Für das Gemüse:
1 Fenchelknolle, zerkleinert
2 rote Zwiebeln, geviertelt
3 Knoblauchzehen
2 Karotten, in Streifen geschnitten
1 Aubergine, in Streifen geschnitten
Olivenöl
Salz und Pfeffer zum Abschmecken

Für das Lamm und die Kräuterkruste:
4 Scheiben trockenes Brot vom Vortag
2 EL frisch gehackte Petersilie
2 EL frisch gehackter Rosmarin
2 EL frisch gehackte Minze
2 Lammkarees, mit je 6 Knochen, pariert mit freigelegtem Knochen („French-trimmed")
1 EL Dijon-Senf
Salz und Pfeffer zum Abschmecken
125 ml Weißwein

ZUBEREITUNG DES KARTOFFELPÜREES

▸ Den Ofen auf 180 °C vorheizen.

▸ Die Kartoffeln schälen, in Stücke schneiden und in einen Topf mit kaltem, gesalzenem Wasser geben. Zum Kochen bringen und **etwa 10 Minuten gar kochen.** Abgießen und abtropfen lassen.

▸ Butter, Milch und Sahne in einem Topf erwärmen.

▸ Den K-Haken anbringen. Die Kartoffeln und die Sahne hinzufügen und bei mittlerer Geschwindigkeit zu einem cremigen Püree schlagen. Zur Seite stellen.

ZUBEREITUNG DES HAUPTGERICHTS

▸ Den Ofen auf 190 °C vorheizen.

▸ Das Gemüse auf ein Bratblech geben, mit Öl beträufeln, gut würzen und **20 Minuten rösten.**

▸ Den Multi-Zerkleinerer mit dem Flügelmesser anbringen. Brot und Kräuter hinzugeben, bei mittlerer Geschwindigkeit zu feinen Brotkrümeln mixen.

▸ Das Lamm ziselieren, gut würzen und in einer heißen Pfanne scharf anbraten (die Pfanne mit den Bratenresten zur Seite stellen). Das Lamm mit Senf einreiben und die Brotkrümel-Mischung darauf verteilen. Das Lamm auf das Gemüse im Ofen legen. Die Bratenreste in der Pfanne ablöschen und zum Bratblech geben. **Im Ofen weitere 20 Minuten braten.**

▸ Das Lamm aus dem Ofen nehmen und 5 Minuten ruhen lassen. In Koteletts schneiden und mit dem Gemüse, Bratensaft und Kartoffelpüree servieren.

TIPP DES KÜCHENCHEFS:

....

Lassen Sie das Lamm, abgedeckt in Folie und Geschirrtuch, einige Zeit ruhen. So wird das Fleisch zart und die Aromen werden vom Fleisch besser aufgenommen.

....

ROTER SCHNAPPER MIT PIPERADE

DIE PIPERADE IST DIE PERFEKTE BEILAGE ZU FISCH. DIE KRÄFTIGEN FARBEN DES GEMÜSES MACHEN APPETIT AUF MEHR.

PORTIONEN	4
VORBEREITUNG	15 Min. plus 3-4 Tage zum Pökeln
ZUBEREITUNG	30 Min.
TEMPERATUR	180 °C/Gas 4
SCHWIERIGKEITSGRAD	🗨
WERKZEUGE	Kochtopf, flache Pfanne
ZUBEHÖR	

ZUTATEN

4 Filets vom Roten Schnapper, je 200 g
Eine Handvoll Petersilie
1 Zitrone, geviertelt

Für die Piperade:

1 große, weiße Zwiebel
1 rote Paprikaschote
1 grüne Paprikaschote
2 Knoblauchzehen
½ TL geräuchertes Paprikapulver
1 Dose Tomaten
Olivenöl
Salz und Pfeffer zum Abschmecken

ZUBEREITUNG

➤ Den Ofen auf 180 °C vorheizen.

➤ Den Multi-Zerkleinerer mit der Schneidscheibe anbringen. Zwiebel, Paprikaschoten und Knoblauch bei mittlerer Geschwindigkeit schneiden.

➤ Einen Kochtopf mit etwas Olivenöl erhitzen und die gehackte Zwiebel mit Pfeffer und Knoblauch gar dünsten. Mit etwas Salz abschmecken und das geräucherte Paprikapulver hinzugeben. **Unter regelmäßigem Umrühren bei mittlerer Hitze kochen,** bis die Paprikaschoten weich werden.

➤ Die Dosentomaten in den Topf geben und **weitere 10 Minuten kochen.** Erneut abschmecken und warm halten, während der Fisch vorbereitet wird.

➤ Eine flache Pfanne erhitzen und **die 4 Filets vom Roten Schnapper 5 bis 6 Minuten braten,** dabei die Filets einmal umdrehen.

➤ Jedes Filet mit der Piperade servieren. Mit der gehackten Petersilie bestreuen und ein Viertel der Zitrone dazulegen.

TIPP DES KÜCHENCHEFS:

....

Statt der Piperade können Sie auch Ratatouille servieren oder statt Schnapperfilets Filets von der Meeräsche verwenden.

....

SCHOKOLADEN-FONDANT MIT GESALZENER KARAMELL-EISCREME

PORTIONEN	4
VORBEREITUNG	15 Min., vorheriges Einfrieren der Eiscreme-Schüssel für 24 Std.
ZUBEREITUNG	30 Min.
TEMPERATUR	200 °C/Gas 6
SCHWIERIGKEITSGRAD	
WERKZEUGE	2 Kochtöpfe, 6 Auflaufförmchen Becher-/Dariolformen
ZUBEHÖR	

ZUTATEN

Für die gesalzene Karamell-Eiscreme:

450 g extrafeiner Zucker
600 ml Doppelsahne
2 TL Maldon-Salz
250 ml Milch
4 Eigelb
1 TL Vanilleextrakt

Für den Schokoladenfondant:

200 g dunkle Schokolade (70 %)
150 g Zucker
150 g Butter
4 Eier, verquirlt
50 g glattes Mehl
1 TL Vanilleextrakt

ZUBEREITUNG DER GESALZENEN KARAMELL-EISCREME

➤ Die Gefrierschüssel des Eisbereiter-Aufsatzes 24 Stunden vor der Zubereitung der Eiscreme in das Gefrierfach stellen.

➤ 200 g extrafeinen Zucker in einen Kochtopf geben und erhitzen, bis sich der Zucker auflöst.

➤ Sobald der Zucker schmilzt, zum Kochen bringen und weiter kochen, gelegentlich umrühren, bis der Zucker karamellisiert ist. 200 ml der Sahne hinzugeben, gut umrühren und weiter kochen lassen, bis der karamellisierte Zucker sich aufgelöst hat. Das Salz hinzugeben und zur Seite stellen.

➤ In einem anderen Kochtopf die Milch erhitzen, aber nicht aufkochen lassen. Dann vom Herd nehmen.

➤ Den Ballonschneebesen anbringen, die Eigelbe und die restlichen 250 g extrafeinen Zucker in die Schüssel geben. Bei mittlerer Geschwindigkeit zu einer hellen, luftigen Masse schlagen. Die abgekühlte Milch hinzugeben und alles gut verrühren.

➤ Die Mischung wieder in den Kochtopf geben und bei geringer Hitze 10 Minuten kochen, bis die Mischung eingedickt ist. (Die Mischung sollte an einem Holzlöffel kleben bleiben.)

➤ Vom Herd nehmen und die restliche Sahne (400 ml) hinzugeben. Gut umrühren und das Vanilleextrakt hinzugeben.

➤ Im Kühlschrank abkühlen lassen.

➤ Die Gefrierschüssel des Eisbereiter-Aufsatzes aus dem Gefrierfach nehmen, die Kunststoffschüssel des Eisbereiters anbringen und die Gefrierschüssel hineingeben. Die Rührstange und den Deckel anbringen.

➤ Die Eiscreme-Mischung bei geringer Geschwindigkeit durch die Öffnung langsam in die Schüssel geben. Die Mischung im Eisbereiter-Aufsatz etwa eine halbe Stunde mixen. Nach 20 Minuten die Karamellmischung langsam hinzugeben.

➤ Die Eiscreme kann direkt verzehrt oder im Gefrierfach für den späteren Verzehr aufbewahrt werden.

ZUBEREITUNG DES SCHOKOLADENFANDANTS

➤ Den Ofen auf 200 °C vorheizen. 6 Auflaufförmchen oder Dariolformen mit Butter einfetten.

➤ Die Schokolade in einer Schüssel im Wasserbad mit köchelndem Wasser langsam schmelzen. Die Schüssel darf mit dem Wasser nicht in Berührung kommen.

➤ Zucker, Butter, Eier und Vanilleextrakt in die Rührschüssel geben und den K-Haken anbringen. Bei mittlerer Geschwindigkeit zu einer hellen, luftigen Masse schlagen.

➤ Die geschmolzene Schokolade hinzugeben und gut vermischen. Bei langsamer Geschwindigkeit das Mehl hinzugeben und verrühren.

➤ Die Mischung in die Förmchen geben und **etwa 12 Minuten backen,** bis der Teig leicht und locker ist.

➤ 5 Minuten abkühlen und mit der Eiscreme servieren.

BALSAMICO-THYMIAN-PFEFFER-MERINGUES MIT BASILIKUM-ERDBEEREN

PORTIONEN	4
VORBEREITUNG	10 Min.
ZUBEREITUNG	40 Min. plus Zeit zum Abkühlen
TEMPERATUR	150 °C/Gas 2
SCHWIERIGKEITSGRAD	◉ ◉
WERKZEUGE	Backblech, Backpapier
ZUBEHÖR	

ZUTATEN

4 Eiweiß

200 g Puderzucker

2 EL Thymianblätter

1 TL gemahlener schwarzer Pfeffer

4 EL Balsamico-Essig

1 Schale Erdbeeren, ohne Grün und geviertelt

4 EL Basilikumblätter, zerkleinert

Sahne zum Garnieren

ZUBEREITUNG

➤ Den Backofen auf 150 °C vorheizen und ein Backblech mit Backpapier auslegen.

➤ Den Ballonschneebesen anbringen. Das Eiweiß bei mittlerer Geschwindigkeit steif schlagen.

➤ Esslöffelweise den Puderzucker hinzugeben und die Masse schlagen, bis eine glänzende Masse entsteht.

➤ Thymian, Pfeffer und Balsamico-Essig leicht unterrühren.

➤ Handtellergroße Meringue-Portionen auf das mit Backpapier ausgelegte Backblech geben. Zwischen den einzelnen Portionen viel Abstand lassen. Etwas Balsamico-Essig über jede Meringue träufeln.

➤ **Im Ofen 35 bis 40 Minuten backen.** Den Backofen ausschalten und im Ofen abkühlen lassen.

➤ Mit den Erdbeeren servieren. Mit den zerkleinerten Basilikumblättern und einem Schlag Sahne garnieren.

TIPP DES KÜCHENCHEFS:

....

Der Essig hebt nicht nur den Geschmack der Erdbeeren hervor, sondern sorgt auch dafür, dass die Meringue außen knusprig und innen weich ist.

....

INGWER-ZITRONEN-PARFAIT MIT INGWER-BISKUITKRÜMELN

PORTIONEN	6-8

VORBEREITUNG 10 Min. plus mind. 6 Std. zum Gefrieren (am besten über Nacht)

SCHWIERIGKEITSGRAD ●

WERKZEUGE Brotbackform (für 900 g)

ZUBEHÖR

ZUTATEN

30 g Butter, bei Zimmertemperatur zum Einfetten

12 Ingwer-Plätzchen

2 Eier

1 EL gemahlener Ingwer

2 EL Ingwerwein

Schale und Saft von 1 unbehandelten Zitrone

180 g extrafeiner Zucker

500 ml Doppelsahne

ZUBEREITUNG

➤ Eine Brotbackform (Füllmenge 900 g) mit Butter einfetten, mit Klarsichtfolie auslegen und auch die Klarsichtfolie einfetten.

➤ Den Multi-Zerkleinerer mit dem Flügelmesser anbringen. Die Ingwer-Plätzchen hinzugeben, die Impulstaste drücken und die Plätzchen mixen, bis sie krümelig sind.

➤ Den Großteil der Plätzchenkrümel in die Brotbackform geben und den Rest der Krümel zur Seite stellen.

➤ Den Ballonschneebesen anbringen und bei hoher Geschwindigkeit Eier, gemahlenen Ingwer, Ingwerwein, Zitronensaft und -schale und Zucker leicht und cremig schlagen. In eine separate Schüssel geben und zur Seite stellen.

➤ Die Sahne mit dem Ballonschneebesen bei hoher Geschwindigkeit steif schlagen. Den Ballonschneebesen entfernen und das Flexi-Rührelement oder das Unterheb-Zubehör anbringen.

➤ Die Eimischung bei geringer Geschwindigkeit vorsichtig unterheben. Die Mischung in die vorbereite Brotbackform geben. Mit Klarsichtfolie abdecken und über Nacht oder mindestens 6 Stunden gefrieren lassen.

➤ Die Brotbackform aus dem Gefrierfach nehmen, mit den restlichen Plätzchenkrümeln bestreuen und servieren.

CREMA CATALANA MIT EARL-GREY-GEBÄCK

DIESE KATALANISCHE VARIANTE DER CRÈME BRÛLÉE IST BESONDERS LECKER MIT BISKUIT-GEBÄCK AUS EARL GREY, DER DURCH SEIN BERGAMOTTE-AROMA BESTICHT.

PORTIONEN	4
VORBEREITUNG	15 Min. plus Zeit zum Abkühlen über Nacht
ZUBEREITUNG	60 Min. plus Zeit zum Abkühlen
TEMPERATUR	150 °C/Gas 2
SCHWIERIGKEITSGRAD	●●
WERKZEUGE	4 Crème-Brûlée-Auflauf formen, tiefes Backblech mit Rand, Backblech, Backpapier
ZUBEHÖR	

ZUTATEN

Für die Crema Catalana:

400 ml Milch
Schale 1 unbehandelten Zitrone und 1 unbehandelten Orange
1 Zimtstange
1 EL Sherry
4 Eigelb
65 g extrafeiner Zucker
1 EL Vanilleextrakt
140 ml Doppelsahne
2 EL Demerera-Zucker

Für das Earl-Grey-Gebäck:

100 g extrafeiner Zucker
2 Eier
100 g zerlassene Butter
100 g mit Backpulver gemischtes Mehl
Earl-Grey-Teeblätter (aus Teebeutel)

ZUBEREITUNG DER CREMA CATALANA

▶ Den Ofen auf 150 °C vorheizen.

▶ Milch, Zitronenschale, Orangenschale und Zimtstange in einen Topf geben und erhitzen, aber nicht aufkochen lassen. Den Sherry hinzugeben, den Topf vom Herd nehmen und 15 bis 30 Minuten durchziehen lassen.

▶ Eigelb, Zucker und Vanilleextrakt in die Rührschüssel geben. Den Ballonschneebesen anbringen und bei mittlerer Geschwindigkeit hell und schaumig schlagen.

▶ Den Ballonschneebesen entfernen und den Mixaufsatz anbringen. Die Mischung und die Sahne in den Mixaufsatz geben und bei hoher Geschwindigkeit glatt mixen.

▶ Die Masse sofort in die 4 Crème-Brûlée-Auflaufformen geben und die Auflaufformen in das tiefe Backblech mit Rand geben, das zur Hälfte mit heißem Wasser gefüllt ist. **Im Ofen 65 Minuten backen,** bis die Masse fest ist. Aus dem Ofen nehmen und im Kühlschrank am besten über Nacht (oder mindestens 2 Stunden) abkühlen lassen.

ZUBEREITUNG DES EARL-GREY-GEBÄCKS

▶ Den Backofen auf 190 °C vorheizen und ein Backblech mit Backpapier auslegen.

▶ Zucker und Eier in die Rührschüssel geben, den Ballonschneebesen befestigen und bei hoher Geschwindigkeit zu einer hellen, luftigen Masse schlagen. Den Ballonschneebesen entfernen und den K-Haken anbringen. Die Hälfte der Butter und des Mehls hinzugeben und langsam mixen.

▶ Das restliche Mehl und die restliche Butter mit den Teeblättern hinzugeben und bei geringer Geschwindigkeit gut verrühren.

▶ Die Mischung esslöffelweise auf das mit Backpapier ausgelegte Backblech geben und dabei genügend Abstand zwischen den einzelnen Biskuits lassen. **In Ofen 10 Minuten goldgelb backen.** Auf einem Backrost abkühlen lassen und mit Puderzucker bestäuben.

▶ Die Crema Catalana aus dem Kühlschrank holen und mit Demerera-Zucker bestreuen. Den Zucker unter einem sehr heißen Grill karamellisieren. Mit dem Biskuit-Gebäck und einer Tasse Earl Grey servieren.

TIPP DES KÜCHENCHEFS:

....

Für ein noch rauchigeres Aroma können Sie auch Lapsang Souchong verwenden. Oder probieren Sie Jasmintee und kandierte Orangenschale.

....

LIMONCELLO-ZITRONEN-TARTE MIT LAVENDEL

PORTIONEN	6–8
VORBEREITUNG	30 Min. plus ¹/₂ Std. zum Abkühlen
ZUBEREITUNG	50 Min.
TEMPERATUR	200 °C/Gas 6
SCHWIERIGKEITSGRAD	●●
WERKZEUGE	Tarte-Backform (Ø 20 cm), Backpapier, Backbohnen
ZUBEHÖR	

ZUTATEN

Für den Boden:

250 g glattes Mehl
125 g ungesalzene Butter
125 g Zucker
1 Ei
Schale 1 unbehandelten Zitrone
1 TL Lavendelblüten

Für die Füllung:

5 Eier
180 g extrafeiner Zucker
Schale und Saft von 5 Zitronen
180 ml Doppelsahne
20 ml Limoncello
Lavendelblätter
Backbohnen oder Reis zum Blindbacken

ZUBEREITUNG

‣ Den Backofen auf 200 °C vorheizen und eine Tarte-Backform (Ø 20 cm) einfetten.

‣ *Zubereitung des Bodens:* Mehl, Butter, Zucker, Ei, Zitronenschale und Lavendel in die Rührschüssel geben. Den Teighaken anbringen und bei mittlerer Geschwindigkeit zu einem Teig kneten. Den Teig aus der Schüssel nehmen, leicht ausrollen und mit Klarsichtfolie abdecken. Im Kühlschrank eine halbe Stunde kalt stellen.

‣ Den Teig aus dem Kühlschrank nehmen, auf einer leicht gemehlten Arbeitsfläche kreisrund und 5 mm dick ausrollen. In die Tarte-Backform legen. Sicherstellen, dass der Teig den Rand der Backform überlappt. Butterbrotpapier über den Teig legen und mit Backbohnen oder Reis füllen. **Im Ofen 10 Minuten backen.**

‣ Die Hitze auf 180 °C reduzieren, die Backbohnen entfernen, und den Rand der Tarte zuschneiden (wenn notwendig). **Weitere 10 Minuten backen.** Aus dem Ofen nehmen und abkühlen lassen.

‣ *Für die Füllung:* Den Ballonschneebesen anbringen und die Eier mit dem Zucker bei geringer Geschwindigkeit schlagen. Zitronensaft, Schale, Sahne und Limoncello hinzugeben und gut verrühren.

‣ Die Mischung in die Tarte-Backform geben und eine halbe Stunde backen, bis die Mischung leicht fest ist.

‣ Aus dem Ofen nehmen und mit Zucker und Lavendelblättern bestreuen.

‣ Abkühlen lassen und bei Raumtemperatur servieren, oder für 2 weitere Tage im Kühlschrank aufbewahren.

GEBRATENE PFIRSICHE MIT WEISSWEIN, PFEFFER UND STERNANIS

PORTIONEN	4
VORBEREITUNG	5 Min.
ZUBEREITUNG	25 Min.
TEMPERATUR	200 °C/Gas 6
SCHWIERIGKEITSGRAD	◗
WERKZEUGE	Ofenfeste Form, Kochtopf
ZUBEHÖR	

ZUTATEN

6 noch nicht ganz reife Pfirsiche
12 Pfefferkörner
2 Sternanis
Eine Prise Salz
1 Vanilleschote, in der Mitte halbiert
100 g extrafeiner Zucker
50 ml Wasser
100 ml Sahne
125 ml Weißwein
Olivenöl
Sahne zum Garnieren

ZUBEREITUNG

➤ Den Ofen auf 200 °C vorheizen.

➤ Die Pfirsiche halbieren, entkernen und mit der Haut nach unten in eine ofenfeste Form geben.

➤ Die Kräuter- und Gewürzmühle anbringen und die Pfefferkörner und den Sternanis hinzugeben. Bei mittlerer Geschwindigkeit zu Pulver zermahlen und zur Seite stellen.

➤ Vanilleschote, Zucker und Wasser in einen Kochtopf geben und langsam zum Kochen bringen. Umrühren und weitere 5 Minuten kochen, bis ein Sirup entstanden ist. Die gemahlenen Gewürze hinzugeben, gut umrühren und zur Seite stellen.

➤ Die Vanilleschote herausnehmen und über jeden Pfirsich etwas Sirup geben. **Im Ofen 25 Minuten backen,** bis die Pfirsiche weich sind, aber noch ihre Form haben. Aus dem Ofen nehmen und einige Minuten abkühlen lassen.

➤ Den Weißwein in einem Kochtopf einige Minuten kochen.

➤ Den Ballonschneebesen anbringen und die Sahne bei hoher Geschwindigkeit halbfest schlagen und zur Seite stellen.

➤ Den Ballonschneebesen entfernen und den K-Haken anbringen. 4 der Pfirsichhälften in die Rührschüssel geben. Bei mittlerer Geschwindigkeit mixen und dabei langsam das Olivenöl hinzugeben. Dann bei hoher Geschwindigkeit mixen, den gekochten Weißwein hinzugeben und zu einem Püree schlagen.

➤ Die Pfirsichhälften mit dem Püree, Sirup und der geschlagenen Sahne servieren.

TIPP DES KÜCHENCHEFS:
....

Wandeln Sie dieses Rezept ab und verwenden Sie Aprikosen, Birnen oder eine Wassermelone. Die Gewürze passen auch perfekt zu diesem Obst.

....

ZUBEHÖRTEILE

DIE KÜCHENMASCHINEN VON KENWOOD SIND ROBUST, LEISTUNGSSTARK UND ÄUSSERST VIELSEITIG EINSETZBAR.

Über den Hochgeschwindigkeitsanschluss werden die Zubehörteile befestigt, die Sie für die Vorbereitung von Speisen benötigen: Mixen, Schneiden, Raspeln, Hacken, Mahlen, Entsaften und vieles mehr!

In diesem Kapitel finden Sie wichtige Informationen zu den Zubehörteilen sowie entsprechende Rezeptvorschläge. Diese Zubehörteile können Sie für die hier beschriebenen Rezepte verwenden, um die vorbereitenden Schritte zu vereinfachen.

SCHNEIDEN, RASPELN UND IN WÜRFEL SCHNEIDEN

DIE ZUBEHÖRTEILE VON KENWOOD EIGNEN SICH PERFEKT ZUM SCHNEIDEN, RASPELN, HACKEN, ZERKLEINERN UND ZUM SCHNEIDEN IN JULIENNES. JEDES ZUBEHÖRTEIL HAT EINE ANDERE FUNKTION UND UNTERSTÜTZT SIE BEI ALLEN AUFGABEN, DIE BEIM ZUBEREITEN VON SPEISEN ANFALLEN.

IDEAL FÜR:

VERARBEITUNG VON GEMÜSE/OBST
Eine Vielzahl von hartem oder weichem Gemüse (z. B. Salat) schneiden, raspeln, in Julienne-Streifen oder in Würfel schneiden.

KÄSE
Verschiedene Käsesorten (z. B. für ein Käse-Soufflé) schneiden, raspeln, reiben oder in Würfel schneiden.

SCHOKOLADE UND NÜSSE
Schokolade für verschiedene Gerichte (z. B. Kuchen) raspeln oder reiben.

WEITERE INFORMATIONEN UNTER
KENWOODWORLD.COM

MULTI-ZERKLEINERER

Schneiden oder raspeln Sie die Zutaten direkt in die Schüssel. Im Lieferumfang sind **6 Edelstahl-Scheiben zum groben Schneiden,** feinen Schneiden, feinen Raspeln, extrafeinen Raspeln und eine Julienne-Scheibe zum feinen Schneiden enthalten. **Im Lieferumfang enthalten ist das Edelstahlmesser** mit dem Sie Zutaten für Dips und Saucen zerkleinern können.

SCHNITZELWERK

Schneiden oder raspeln Sie bei hoher Geschwindigkeit kontinuierlich Ihre Zutaten. Dieses Zubehör ist ideal für große Mengen an Zutaten. **Im Lieferumfang sind 7 Edelstahl-Arbeitsscheiben** zum dünnen Schneiden, groben Schneiden, dünnen Raspeln, groben Raspeln, extrafeinen Raspeln sowie zum feinen und groben Raspeln zu Julienne-Streifen enthalten.

TROMMELRAFFEL

Wenn für beste Ergebnisse eine niedrige Geschwindigkeit erforderlich ist, können Sie mit der Trommelraffel Schokolade, Käse und Nüsse schneiden oder raspeln. Sie wird mit **5 Einsatztrommeln** zum Zerkleinern, feinen Raspeln, groben Raspeln, feinen und extrafeinen Schneiden geliefert.

WÜRFELSCHNEIDE-ZUBEHÖR

Mit dem Würfelschneide-Zubehör können Sie Gemüse, Obst, Fleisch und Käse für Salate, Eintöpfe und Beilagen in Würfel schneiden. **Im Lieferumfang sind eine Edelstahl-Schneidscheibe und eine Arbeitsscheibe** zum Schneiden von Würfeln von 10 mm x 10 mm enthalten.

KARTOFFEL-RÖSTI

PORTIONEN	4
VORBEREITUNG	10 Min.
ZUBEREITUNG	10 Min.

ZUTATEN
2 große Kartoffeln (mehlig kochend)
1 EL Maismehl oder Kartoffelmehl
2 EL zerlassene Butter
Salz und Pfeffer

ZUBEREITUNG

▶ Kartoffeln schälen.

▶ Eines der folgenden Zubehörteile anbringen:

- Multi-Zerkleinerer mit Arbeitsscheibe zum groben Raspeln
- Schnitzelwerk mit Arbeitsscheibe zum groben Raspeln
- Trommelraffel mit Einsatztrommel zum groben Raspeln

▶ Die Kartoffeln raspeln und in einer Schüssel zur Seite stellen.

▶ Maismehl, Butter, Salz und Pfeffer hinzugeben und mit einem Holzlöffel gut miteinander vermischen.

▶ Zu flachen, runden Röstis – Durchmesser ca. 8 cm und 2 cm dick – formen. (Die Mischung sollte 4 Röstis ergeben.)

▶ Eine Pfanne mit etwas Butter erhitzen und die Röstis 4 Minuten auf jeder Seite goldbraun braten, bis sie gar sind.

HACKEN UND MAHLEN

MIT DEN ZUBEHÖRTEILEN VON KENWOOD ZUM HACKEN UND MAHLEN KÖNNEN SIE KRÄUTER, NÜSSE, KAFFEEBOHNEN, FLEISCH UND FISCH SOWIE KÖRNER, HÜLSENFRÜCHTE UND REIS MAHLEN. JEDES ZUBEHÖRTEIL HAT EINE ANDERE FUNKTION UND UNTERSTÜTZT SIE BEI DER ZUBEREITUNG IHRER LIEBLINGSGERICHTE.

- -

IDEAL FÜR:

KRÄUTER/NÜSSE
Hacken Sie Kräuter und Nüsse, um sie beim Kochen und Backen weiterzuverarbeiten.

KAFFEE
Mahlen Sie Kaffeebohnen zu feinem Kaffeepulver.

FLEISCH
Zerkleinern Sie Fleisch, um beispielsweise Hamburger oder Würstchen zuzubereiten.

KÖRNER/HÜLSENFRÜCHTE/REIS
Mahlen Sie Körner und Hülsenfrüchte, um zum Backen selbstgemachtes Mehl zu verwenden.

WEITERE INFORMATIONEN UNTER **KENWOODWORLD.COM**

KRÄUTER- UND GEWÜRZMÜHLE

Zerkleinern oder mahlen Sie kleine Mengen an Zutaten wie Kräuter, Kaffeebohnen, Babynahrung, Gewürze und Nüsse. **Im Lieferumfang sind 4 Glasbehälter** mit Deckel zum Mahlen und Aufbewaren des Mahlguts enthalten.

FLEISCHWOLF

Verarbeiten Sie Fisch oder Fleisch für zahlreiche Gerichte wie Hamburger, Lasagne oder Fischfrikadellen. **Im Lieferumfang sind 3 Metall-Lochscheiben** für feine-, mittlere und grobe Einstellungen sowie ein Wurstfüller in 2 Größen und ein Kebbe-Aufsatz für orientalische Gerichte enthalten.

GETREIDEMÜHLE

Mahlen Sie Körner und Hülsenfrüchte, um beispielsweise selbstgemachtes Mehl herzustellen. Ein ideales Hilfsmittel beim Zubereiten von glutenfreiem Mehl bei Unverträglichkeiten.

SCHWEINEWÜRSTCHEN MIT ROTWEIN UND KNOBLAUCH

PORTIONEN	4

VORBEREITUNG	10 Min. plus Ruhezeit 12 Std.

ZUTATEN

1 kg Schweineschulter
500 g Schweinefett, im Gefrierfach gekühlt für mind. 1 Std.
100 ml Rotwein
3 Knoblauchzehen, zerdrückt
Blätter von 2 Thymianzweigen, fein gehackt
200 cm Wurstdarm
1 EL Salz
Eine große Prise Pfeffer

ZUBEREITUNG

▸ Den Fleischwolf anbringen und die mittlere Lochscheibe einlegen.

▸ Die Schweineschulter in Würfel schneiden und bei geringer Geschwindigkeit durch den Fleischwolf drehen. Die Masse in eine große Schüssel geben, abdecken und in den Kühlschrank stellen.

▸ Das Fett aus dem Gefrierfach nehmen und in Würfel schneiden. Bei geringer Geschwindigkeit durch den Fleischwolf drehen und zum Fleisch im Kühlschrank geben.

▸ Fleisch und Fett aus dem Kühlschrank nehmen und Rotwein, Knoblauch und Thymian hinzugeben. Mit Salz und Pfeffer würzen, sehr gut miteinander vermischen und in den Kühlschrank stellen.

▸ Die mittlere Lochscheibe entfernen und den Wurstfüller anbringen.

▸ Den Wurstdarm über die Düse ziehen und bei geringer Geschwindigkeit das Fleisch durch den Wurstfüller geben. Nach 10 cm den Wurstdarm verdrillen (je nachdem, wie lang Ihre Würstchen sein sollen) und auf der Arbeitsfläche ablegen.

▸ Das Ende der Würstchen verknoten. Auf ein Tablett legen und 1 Stunde trocknen lassen. Über Nacht in den Kühlschrank stellen.

▸ Die Würstchen können jetzt gekocht oder eingewickelt für eine spätere Verwendung aufbewahrt werden. Die Würstchen sind tiefgekühlt bis zu einem Monat haltbar.

PASTA-ZUBEHÖRTEILE

FRISCHE, SELBSTGEMACHTE
NUDELN UND PASTAPLATTEN
FÜR LASAGNE ODER RAVIOLI
SIND MIT DEN PASTA-
ZUBEHÖRTEILEN VON
KENWOOD IM HANDUMDREHEN
ZUBEREITET. MIT DER
NUDELPRESSE KÖNNEN SIE
BIS ZU 12 VERSCHIEDENE
NUDELSORTEN HERSTELLEN,
Z. B. FUSILLI ODER
LINGUINE. VERFEINERN SIE
PASTATEIG MIT KRÄUTERN,
TOMATENPÜREE ODER
SPINAT UND VERLEIHEN
SIE SO KLASSISCHEN
NUDELGERICHTEN DAS
GEWISSE ETWAS.

IDEAL FÜR:

PASTATEIG
Stellen Sie Pastaplatten oder verschiedene
Nudelformen her, um ein perfektes
Nudelgericht zu zaubern.

BROT-/GEBÄCKTEIG
Rollen Sie mit diesem Zubehör Teig für
Kuchen oder Plätzchen aus.

PLÄTZCHEN
Selbstgemachte Plätzchen werden mit dem
Spritzgebäckvorsatz zum Kinderspiel.

WEITERE
INFORMATIONEN UNTER
KENWOODWORLD.COM

PROFI-PASTA-WALZE

Stellen Sie frische Nudelplatten in der
gewünschten Dicke her, indem Sie mit dem
verstellbaren Knopf die Stärke einstellen -
ideal für Lasagne, Ravioli oder Cannelloni.
Es ist eine Rolle enthalten, um den
Pastateig leicht durch die Walze zu schieben.

Pasta-Schneidaufsätze:

> Tagliatelle
> Taglioni
> Trenette
> Spaghetti

NUDELPRESSE PASTA FRESCA

Stellen Sie Nudeln in verschiedenen Formen
für unterschiedliche Gerichte her. Dünne
Nudeln passen gut zu dünnen Saucen,
während dickflüssige Saucen an dickeren
Nudeln besser haften.

12 VERSCHIEDENE PASTAEINSÄTZE

> Bigoli
> Casarecce
> Maccheroni lisci
> Spaccatelli
> Spaghetti quadri
> Pappardelle
> Silatelli
> Linguine
> Fusilli
> Cochigliette
> Bucatini
> Orecchiette

SPINAT-FUSILLI

PORTIONEN	4
VORBEREITUNG	20 Min.
ZUBEREITUNG	3 Min.

ZUTATEN

Für den Pastateig:

500 g kräftiges Weißmehl
4 Eier, geschlagen
2 EL Wasser (bei Bedarf)
Salz zum Abschmecken
1 TL getrockneter Basilikum
1 TL getrockneter Oregano
1 TL getrockneter Thymian
200 g junger Spinat
50 g Mehl

ZUBEREITUNG

> Mehl und Salz in die Rührschüssel
geben und den Teighaken anbringen. Bei
geringer Geschwindigkeit Eier und Wasser
vermengen, die Geschwindigkeit langsam
erhöhen, bis ein Teig entstanden ist.

> Basilikum, Oregano und Thymian in
die Rührschüssel geben und bei mittlerer
Geschwindigkeit 5 Minuten verkneten.

> Den Teig aus der Schüssel nehmen und
in Klarsichtfolie wickeln. Im Kühlschrank
mindestens eine halbe Stunde ruhen lassen,
bevor der Teig weiterverwendet wird.

> Den Spinat in kochendem Wasser
10 Sekunden blanchieren und dann in einem
Sieb abgießen. Abkühlen lassen und so viel
Flüssigkeit wie möglich herausdrücken, fein
hacken und zur Seite stellen.

> Den zubereiteten Pastateig aus dem
Kuhlschrank nehmen und zu dem gehackten
Spinat geben. Falls der Teig zu feucht ist,
geben Sie etwas Mehl dazu.

> Den Teig in 8 Teile teilen. Die Nudelpresse
Pasta Fresca mit der Fusilli-Scheibe
anbringen.

> Den Teig bei geringer Geschwindigkeit
durch die Nudelpresse geben und nach
jeweils 4 cm abschneiden, bis der Teig
aufgebraucht ist.

> In etwas Mehl schwenken und vor dem
Kochen eine halbe Stunde trocknen lassen.

> Sie können die Nudeln auch komplett
trocknen lassen und in einem luftdicht
verschlossenen Gefäß bis zu einem Monat
aufbewahren.

ENTSAFTEN

DIE ENTSAFTER VON KENWOOD EIGNEN SICH ZUM ZUBEREITEN VON LECKER-FRISCHEN FRUCHT- UND GEMÜSESÄFTEN.

IDEAL FÜR:

GETRÄNKE

Frucht- oder Gemüsesaft für gesunde Getränke.

ZITRUSSAFT

Entsaften Sie Zitrusfrüchte für frischen Fruchtsaft.

COULIS

Entsaften Sie Beerenfrüchte, um Coulis für Desserts herzustellen.

TOMATENSAFT

Entsaften von Tomaten für frischen Tomatensaft, der für verschiedene Gerichte weiterverarbeitet werden kann.

WEITERE INFORMATIONEN UNTER **KENWOODWORLD.COM**

ZITRUSPRESSE

Entsaften Sie Zitrusfrüchte direkt in die Schüssel, um frische Fruchtsäfte aus Orangen, Zitronen, Limetten und Grapefruits zuzubereiten.

PROFI-ENTSAFTER

Entsaften Sie mit diesem Hochgeschwindigkeits-Entsafter schnell und ohne Mühe ganzes Obst und Gemüse, um eine Vielzahl verschiedener Fruchtsäfte, gesunder Drinks und Smoothies herzustellen. **Mit dem Saftkrug** mit integriertem Filter können Sie Fruchtsäfte ohne Fruchtfleisch genießen.

BEERENPRESSE

Die langsam arbeitende Beerenpresse entsaftet Beeren oder Tomaten zum Zubereiten von gesunden Säften, Pürees und Saucen ohne Fruchtfleisch.

SMOOTHIE AUS KAROTTE, ROTER BEETE UND PFIRSICH

PORTIONEN	4

VORBEREITUNG	5 Min.

ZUTATEN

4 Karotten, geschält
2 Rote Beete, roh und geputzt
4 Pfirsiche
200 ml Naturjoghurt

ZUBEREITUNG

▸ Den Entsafter anbringen. Bei mittlerer Geschwindigkeit Karotten, Rote Beete und Pfirsiche in den Entsafter geben.

▸ Den Joghurt unterrühren und mit Eis servieren.

SCHÜSSEL-ZUBEHÖRTEILE

DIE SCHÜSSEL-ZUBEHÖRTEILE
VON KENWOOD UMFASSEN DEN
EISBEREITER-AUFSATZ, DEN
PASSIERAUFSATZ UND DEN
KARTOFFELSCHÄLER.

WEITERE
INFORMATIONEN UNTER
KENWOODWORLD.COM

EISBEREITER-AUFSATZ

Stellen Sie mit der Gefrierschüssel des
Eisbereiter-Aufsatzes Eiscreme, Sorbets und
gefrorenen Joghurt selbst her. Geben Sie die
Gefrierschüssel 24 Stunden vor Verwendung
in das Gefrierfach, bringen Sie sie an der
Küchenmaschine an und geben Sie Früchte
und Sahne hinzu, um köstliche, frische
Eiscreme in jeder Geschmacksrichtung
zuzubereiten.

PASSIERAUFSATZ

Das ideale Zubehör zum Passieren
von Tomaten oder Früchten und zum
Herstellen von Marmeladen, Gelees oder
Coulis. **Der Passieraufsatz enthält zwei
Einlegescheiben** zum feinen und groben
Passieren. Sie können mit diesem Aufsatz
auch Mehl direkt in die Schüssel zum
Backen von Kuchen sieben.

KARTOFELLSCHÄLER

Schälen Sie Wurzelgemüse schnell und
mühelos in der Schussel mit rauer Oberfläche,
um sie dann weiterzuverarbeiten.

MANGO-CHILI-SORBET

PORTIONEN	4
VORBEREITUNG	10 Min. plus vorheriges Einfrieren der Schüssel 24 Std. vor der Zubereitung
COOKING TIME	30 Min.

ZUTATEN

3 Mangos, geschält und entkernt

250 g extrafeiner Zucker

1 rote Chilischote, entkernt und
fein gehackt

Schale und Saft von 1 Limette

ZUBEREITUNG

▸ Den Mixaufsatz anbringen. Mangos,
Zucker, Chilischote und Limette hinzugeben.
Bei mittlerer Geschwindigkeit glatt mixen.

▸ Den Mixaufsatz entfernen und den
Eisbereiter-Aufsatz mit der Gefrierschüssel
anbringen.

▸ Die Mangomischung bei geringer
Geschwindigkeit in die Schüssel geben.

▸ Etwa eine halbe Stunde rühren lassen.

▸ Das Sorbet kann direkt verzehrt oder
im Gefrierfach für den späteren Verzehr
aufbewahrt werden.

GLOSSAR

ABLÖSCHEN

Beim Ablöschen (Deglacieren) wird eine Flüssigkeit in eine Pfanne gegeben und der Bratensaft am Boden der Pfanne gelöst. Der Bratensatz steckt voller Aromen, die durch das Ablöschen für ein kräftiges Aroma der Sauce sorgen.

ABSCHMECKEN

Hinzufügen von Gewürzen, in der Regel Salz und Pfeffer, zu einem Gericht, um ihm mehr Geschmack zu verleihen.

AKTIV-TROCKENHEFE („EASY ACTION")

Trockenhefe (oder Aktiv-Trockenhefe) in Pulverform wird zuerst mit warmem Wasser und Zucker aufgelöst. Instanttrockenhefe ist in kleinen Tütchen erhältlich und kann direkt in eine Schüssel gegeben oder mit Mehl vermengt werden. Hefe ist beim Brotbacken eine unerlässliche Zutat.

ANBRATEN

Schnelles Bräunen von Fleisch in wenig heißem Fett.

AUSBEINEN / AUSLÖSEN

Das Fleisch wird vom Knochen getrennt.

BACKNATRON

Siehe Backpulver.

BACKPULVER

Ein alkalisches Backtriebmittel wie Natriumbicarbonat (Backnatron), gemischt mit einem Säuerungsmittel wie Tartrat (Weinsäure). Durch Freisetzen von Kohlenstoffdioxid geht der Teig auf und das Volumen vergrößert sich.

BACKSTARKES MEHL

Mehl mit einem hohen Proteinanteil und einem höheren Glutengehalt. Ideal zum Brotbacken.

BLANCHIEREN/BLANCHIERT

Kurzes Garen von Gemüse, Früchten und Nüssen in siedendem Wasser, um die Haut leichter zu entfernen (z. B. bei Tomaten, Mandeln, Pfirsichen) oder als erster Schritt beim Kochen und Zubereiten vieler Gerichte.

BROTBACKFORM

Eine rechteckige Kastenform mit hohen Wänden zum Backen von Brot und Kuchen.

DURCHZIEHEN

Beim Durchziehen wird ein Kochgut in eine heiße Flüssigkeit getaucht, um das Kochgut von der Flüssigkeit durchdringen zu lassen. So kann das Aroma der Flüssigkeit vom Kochgut aufgenommen werden.

GAREN

Langsames und ununterbrochenes Kochen des Garguts bei einer Temperatur knapp unter dem Siedepunkt.

GELATINE

Gelatine ist ein tierisches Bindemittel, das als Pulver oder als Gelatineplatte erhältlich ist.

GLÄNZEND

Glatte und blanke Konsistenz.

HALBFEST/STEIF SCHLAGEN

Das Schlagen von Sahne oder Eiweiß. Beim halbfesten Schlagen hat die Masse eine weiche Konsistenz, während die Masse beim Steifschlagen fest ist. Als Test können Sie die Schüssel auf den Kopf drehen, die Masse darf dann nicht herausfallen.

KLARSICHTFOLIE

Eine durchsichtige, biegsame Folie zum Abdecken oder Einwickeln von Lebensmitteln zur Aufbewahrung und zum Ruhenlassen.

KOTELETT

Eine dünne Scheibe Fleisch, in der Regel vom Kalb oder Lamm, aus der Hinterkeule oder aus dem Rippenstück.

KNETEN

Beim Kneten wird der Brotteig bearbeitet, damit sich das Gluten im Mehl entwickeln kann.

LUFT AUS DEM TEIG KNETEN

Mehrfaches Kneten des Hefeteigs sorgt für eine gleichmäßigere Konsistenz ohne Luftbläschen im Teig.

MEHLSCHWITZE

Mehlschwitze besteht aus gleichen Teilen Fett und Mehl und wird zum Binden von Saucen und Suppen verwendet.

MIT BACKPULVER GEMISCHTES MEHL

Mehl, dem ein Backtriebmittel beigefügt wurde, damit Kuchen besser aufgehen. Kann auch durch einfaches Mehl und Backpulver ersetzt werden (ca. 15 g Backpulver auf 500 g Mehl).

PARIERT MIT FREIGELEGTEM KNOCHEN („FRENCH-TRIMMED")

Parieren bedeutet, dass Fleisch von Sehnen, Häuten und Fett befreit wird und ein Teil des Knochens zu sehen ist.

PIPERADE

Die Piperade ist ein traditionelles baskisches Gericht, das aus Zwiebeln, grünem Paprika, sautierten Tomaten zubereitet und mit rotem Pfeffer gewürzt wird.

PÖKELN/GEPÖKELT

Mithilfe von Salzlauge oder einer Pökelmischung (Wasser, Salz, Nitrite) wird Fleisch gepökelt oder haltbar gemacht. Das Pökeln verleiht dem Fleisch ein zusätzliches Aroma.

PÜREE

Früchte, Gemüse, Fleisch oder Fisch werden zerkleinert und durch ein Sieb gestrichen, um eine feine Masse zu erhalten.

REDUZIEREN

Sauce oder Flüssigkeit wird bei hoher Hitze in einer Pfanne oder in einem Topf ohne Deckel eingekocht.

RISOTTO

Ein italienisches Gericht aus Reis, der in Butter oder Öl mit Brühe, Fleisch, Meeresfrüchte oder Gemüse sowie häufig mit Parmesankäse gekocht wird.

SAUTIEREN

Das Kochgut wird in wenig Fett, bei hoher Temperatur und unter gelegentlichem Schwenken gegart.

SCHAUMIG SCHLAGEN

Fett und Zucker werden kräftig miteinander vermengt, um eine leichte, luftige Masse zu erhalten, die eine helle Färbung hat. Diese Methode wird für Kuchen und Puddings verwendet, die viel Fett enthalten. Auf diese Weise wird Luft in die Masse geschlagen.

SCHLAGEN

Schnelles Schlagen mit einem Schneebesen, um eine luftige Masse zu erhalten.

UNTERHEBEN

Beim Unterheben werden weitere Zutaten vorsichtig in eine luftig geschlagene oder cremige Masse hinzugefügt, ohne die eingeschlossenen Luftbläschen zu zerstören. Dies gelingt am Besten, wenn man einen Schneebesen oder eine Spachtel langsam in die Masse eintaucht und langsam wieder nach oben zieht. So bleibt die Masse luftig. Diese Methode wird hauptsächlich bei der Zubereitung von Soufflés, Meringues und leichten Kuchenmischungen verwendet.

VERKOHLT

Zu langes Kochen führt zu einer schwarzen Verfärbung.

ZESTEN

Die äußere Schale von Zitrusfrüchten ohne weiße Haut, wird zum Würzen verwendet.

ZISELIEREN

Fleisch wird eingeschnitten, damit es mehr Aromen aufnehmen kann.

INDEX DER REZEPTE

NOTIZEN UND IDEEN